XalqBank

Mirsa Schaffi

WASEH

Gesamtwerke

Baku – 2019

Idee: Xalq Bank

Projektleiter: Rafig Haschymov

Redakteur des Projekts, Herausgeber und Autor des Vorworts: Selim Babullaoghlu

Übersetzer:

Aserbaidschanisch: Chälil Rsa, Balasch Aseroghlu, Aslan Aslanov, Asad Jaschar, Pünhan Äsimli, Yusif Savalan

Deutsch: Friedrich von Bodenstedt, Karl H. Kiel

Russisch: Naum Grebnew, Michail Sinelnikow, Leonid Maltsew, Nidshat Mämmädov

F. Kalugin, V. Lugovskoj, V. Markow, S. Nadson, I. Prodan, A. Talybova, I. und A. Tchorshevskys, P. Tschaikovski, N. Eifert und P. Jakubowitsch

Zur Vorbereitung der literarischen Übersetzungen in die russische Sprache wurden die Übersetzungen von Aslan Aslanov, Fachraddin Vejsälli *und* Yusif Savalan *aus der deutschen Sprache, von* Balasch Azeroghlu *und* Firus Sadigsade *aus der persischen Sprache verwendet*

Experten: *Prof.* Akif Bajram
Prof. Fachraddin Vejsälli

Berater: Vilajet Hadshijev
Ilgar Fähmi
Orhan Aras

Redakteure-Korrektoren: Schähla Tahirgyzy *(Aserbaidschanisch)*
Alina Talybova *(Russisch)*
Yusif Savalan *(Deutsch)*

Illustrationen: Nüsret Sülejmanoghlu

Künstlerische Gestaltung und Design: Tarlan Gortschu

Computerlayout: Hikmet Ajdynoghlu

Mirsa Schaffi Waseh. Gesamtwerke

Erste Auflage (in vier Büchern), Baku 2019, 464 S.

ISBN 978-9952-8332-4-9

Diese anlässlich des 225. Geburtstags des großen aserbaidschanischen Dichters, Denkers, Pädagogen und Aufklärers Mirsa Schaffi Waseh erschienene Ausgabe in vier Büchern enthält alle seine Gedichte, Gasele, Rubaijat, Muchammas und Mathnevis. Das als eine große Errungenschaft in der aserbaidschanischen Literatur und Literaturgeschichte anzusehende Buch erscheint in der Reihe "Xalq Əmanəti" („Volksgut"). Außerdem ist das Erscheinen dieser dreibändigen vollständiegen Ausgabe in aserbaidschanischer, deutscher und russischer Sprache von außerordentlicher Bedeutung.

Herausgegeben im Rahmen des Projekts "Xalq Əmanəti" („Volksgut") von der Xalq Bank für Geschenkszwecke

Wir danken der Leitung der M. F. Achundov-Nationalbibliothek

Mirsa Schaffi

WASEH

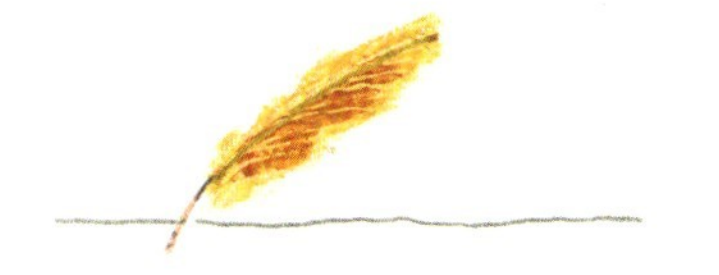

Vom Verfasser

Zur ersten Auflage „Der Gesamtwerke" von Mirsa Schaffi Waseh

Die Leser, die sich zum ersten Mal mit Gesamtwerken von Mirsa Schaffi Waseh, dem großen aserbaidshanischen Dichter, Denker, Pädagogen und Aufklärer durch dieses Buch vor allem in Aserbaidschnisch, aber auch in Deutsch und Russisch, vertraut machen, wissen, dass dieses Buch mit der aserbaidschanischen Literatur und Literaturwissenschaft zusammen Hand in Hand insgesamt 170 Jahre den Weg zurückgelegt hat. Und wir halten es nicht für zufällig, dass dieses Buch zum 225. Geburtstag unseres großen Dichters in der Reihe "Xalq Əmanəti" („Volksgut") erscheint.

* * *

Auf die bekannte Geschichte des Verhältnises von Mirsa Schaffi Waseh zu Friedrich von Bodenstedt wollen wir hier kurz eingehen, obwohl dies in dem in diesem Buch gegebenen Lebenslauf beschrieben worden ist. Der deutsche Literator und Übersetzer kehrt aus der Reise nach dem Kaukasus und Tiflis in seine Heimat zurück. Aber kurz darauf, d.h. im Jahre 1850 veröffentlicht er sein Buch „Tausend und ein Tag im Orient", bezeichnet mit heutigem Terminus „Memuar", und in diesem Buch erzählt er über seinen aserbaidschanischen Lehrer, Mirsa Schaffi und seine Gedichte. Das Buch hatte einen Bombenerfolg und ein Jahr darauf wurden die Gedichte, veröffentlicht in diesem Buch, und plus die anderen unter

Mirsa Schaffi Waseh und Friedrich von Bodenstedt. Illustration aus dem Buch von Friedrich von Bodenstedt „Tausend und ein Tag im Orient“, hrsg. im Jahre 1850

dem Titel „Die Lieder des Mirza-Schaffy“ als eigenständige Gedichtssammlung herausgegeben. 23 Jahre später hat F. von Bodenstedt noch ein Buch unter dem Titel „Aus dem Nachlasse Mirza Schaffy`s“ veröffentlicht, in dem er bestätigt, dass diese Gedichte, wie es früher gesagte wurde, nicht Mirsa Schaffi gehören, sondern ihm selbst. Was passierte in der Wahrheit? Die Gedichte des aserbaidschanischen Dichters, „die Lieder“ wurden im Laufe von 40 Jahren nach dieser Auflage in den Jahren 1850 und 1851 in Deutschland 145 Mal wiederveröffentlicht und sie wurden in diesen Jahren in führende Sprachen Europas übersetzt und sind in der ganzen Welt anerkannt. Das alles führte dazu, dass er aus der Habsucht auf das Übersetzungsrecht verzichtete. Heute ist es schwer vorzustellen, dass die Gedichte von Mirsa Schaffi in damaligem Europa weltweit bekannt wurden, obwohl die Kommunikationsbedingungen und Realität damals ganz anders waren. Der bekannte Musiker seiner Zeit, der russische Pianist und Komponist Anton Rubinstein hat eine Reihe der Romanzen zu 12 Gedichten von Mirsa Schaffi geschrieben. Das wurde im Jahre 1855 vom österreichisch-ungarischen Komponisten F. Liszt unterstützt und veröffentlicht. Sie wurden unter dem Titel „Iranische Motive“ populär. Die Texte dieser Romanzen wurden später vom großen russischen Komponisten P. I. Tschaikovski vom Deutschen ins Russische übersetzt und von einerm der legendären Operensängern F. Schaljapin mit großem Erfolg gesungen. Oder am 5. November 1887 in den Straßen Berlins hing ein Aushang. Nach der Annonce musste im Friedrich Wilhelmtheater nach dem Libretto die Oper von E. Paul „Die Lieder des Mirza Schaffy“, komponiert vom Komponisten Karl Miljoker, aufgeführt werden. Nach der Meinung einiger Forscher haben F. Liszt, G. Meyerbeer, E. Grieg, K. Lewi, J. Brahms, K. Schimanowski, K. Marschnetsch und L. Spor schenkten Aufmerksamkeit auf das Schaffen von Mirsa Schaffi und wandten sich mehrmals seinem Schaffen zu. Aber es dauerten Jahre, bis man jede Sache bei ihrem Namen nannte. Obwohl seit der Periode des ersten Schrittes von M. Schaffi in Deutschland und Europa, als M. Schaffis Werke im allgemeinen, sein Leben und Schaffen weltweit bekannt wurden, dass er sich im Zentrum sowohl der deutschen und europäischen als auch der russischen und aserbaidschanischen Forscher – Literaturwissenschaftler, Literaturgeschichtenschreiber, Textologen befand, wurden im Laufe der 170 Jahre Hunderte von wissenschaftlichen Artikeln, Werken, Monographien geschrieben, wissenschaftliche Diskussionen organisiert, widerspruchsvolle, manchmal unverständliche Gedanken geäußert.

Manchmal wurde F. von Bodenstedt unterstützt, als sei „M. Schaffi ausgedacht". Manchmal wurden absurde Meinungen über die „unliterarische Person" von M. Schaffi in den Umgang geworfen. Um manche Fragen herum trifft man die Gedanken von A. Berje, G. Rosen, H. Brugs, R. Meier, H. Wamberi, K. Zündmeier, F. Roydmund, O. Sewendson, N. Hofer, L. Nebenshal, E. Alker, G. Busse, I. Jenikolopow, N. Tschernischewski, E. Weidenbaum, A. Dühmer, N. Marr, M. Semjowski, A. Krymski, J. Bertels, J. Mundhenk, O. Burger usw. Natürlich haben auch M. F. Achundow, F. Kötscherli, S. Mümtas, A. Sejidsade („Mirsa Schaffi Sadig oghlu Waseh"-1929; 1969), M. Räfili („Mirsa Schaffi in der Weltliteratur"-1958), H. Mamedsade, F. Gasymsade, A. Bajram („Literaturnachlass von Mirsa Schaffi Waseh"-1980), „Erinnerungen von Friedrich Bodenstedt an Mirsa Schaffi Waseh"-2008), F. Vejsälli („Mirsa Schaffi Waseh und Bodenstedt: Versionen und Tatsachen"-2010), W. Arsumanly, N. Alijewa („Mirsa Schaffi in west-östlichen Forschungen"-2013) und von anderen bis heute dauernde wertvolle Artikel, Forschungen und Bücher geschrieben. Auch aserbaidschanische Dichter – Übersetzer – R. Rsa, Ch. Rsa, B. Aseroghlu haben über Mirsa Schaffi Waseh fragmentarische Schriften veröffentlicht. Systematische Übersetzungen gehören A. Aslanov. Das alles hat Mirsa Schaffi Waseh im Allgemeinen in unserer Literatur und Kultur bekanntgemacht und die Größe von Mirsa Schaffi festgestellt. Die oben angeführten Leute haben mit ihren Übersetzungen versucht, seinen literarischen Nachlass vor „Okkupation" zu retten.

* * *

Zwei Gedanken, die der große russisch- sowjetische Orientalist J. Bertels ausgesagt hat, mit denen viele, einschließlich unserer Forscher solidarisch sind, kann man wie folgt verallgemeinern:

– man kann über die Übersetzungstätigkeit (so wie auch über den Charakter seiner Übersetzung und über die Originaltreue (oder umgekehrt) beurteilen, wenn selbst die Originalwerke von Mirsa Schaffi vorgelegt worden sind;

– bis dahin ist es nicht wahr, dass alle Gedichte, die F. von Bodenstedt in drei Büchern („Tausend und ein Tag im Orient", „Die Lieder des Mirza-Schaffy" und „Aus dem Nachlasse Mirza Schaffy`s") gegeben sind, Mirsa Schaffi gehören zu lassen, denn das wäre hinsichtlich des Niveaus der Übersetzungen ein unverzeihlicher Fehler und eine Unhöflichkeit zu Mirsa Schaffi.

Diese Gedanken, die wissenschaftlich-methodologisch richtig sind, rufen viele Fragen hervor. In seinen Erinnerungen hat F. von Bodenstedt sehr deutlich darauf hingewiesen, dass Dichter und Kalligraf Mirsa Schaffi, der „gegen die Buchveröffentlichung war", ihm ein Päckchen von seinen Gedichten (vielleicht einige Päckchen – *S.B.*) geschenkt hat. In diesem Falle wer sollte die Originaltexte anbieten? Aber Herr F. von Bodenstedt hat den von ihm früher geäußerten Gedanken später verleugnet und die Betrachtungsweise ist viel früher vorher gestorben, wie kann man die Postulate annehmen, die Originale seien zur Verfügung zu stellen oder zur Verfügung gestellt werden. Werden die Archive geöffnet? Welche Archive? Und wer kann versichern, dass die Archive nicht in die USA geliefert worden sind, die Handschriften von Mirsa Schaffi Waseh erhalten geblieben sind?

Plus dazu muss man beachten, dass das Verlorengehen des Originals nicht damit zu erklären ist. Prof. Akif Bajram, der unermüdliche Forscher von Mirsa Schaffi, deutet im Buch „Der literarische Nachlass von Mirsa Schaffi" darauf hin, dass der große russische Schriftsteller Turgenjew im Jahre 1862 an Bodenstedt einen Brief gesandt hat, in dem er Bodenstedt aus dem Grunde scharf kritisiert, weil er andere Dichter ins Deutsche übersetzt und deren echte Verfasserschaft verneint und fügte hinzu, „wie kannst du dich wegen deiner Blödheit verzweifeln". Der große russische Dichter Lermontow sprach über 19 unbekannte oder verlorengehende Gedichte, die von Bodenstedt ins Deutsche übersetzt worden sind, die später vom Deutschen ins Russische übersetzt und dadurch die Erstversion hergestellt worden ist, die von Ch. Rippich erwähnt wurden. Diese Information ist auch im „Literarischen Nachlass von Mirsa Schaffi Waseh" zu finden.

Bei der Vorbereitung dieses Buches sind wir, wie oben erwähnt, mit vielen Fragen zusammengestoßen, wandten uns vielen aserbaidschanischen, deutschen, russischen Quellen, Forschungen und Übersetzungstexten zu.

Schah-Abbas-Moschee, in der Mirsa Schaffi Waseh gelern hat. Gändshä, Photo am Anfang des XX. Jh-s

Das Material ist zu groß, trotzdem verließ uns eine Frage nicht: warum ist der literarische Nachlass von Mirsa Schaffi dem Umfang nach der kleine Teil im Aserbaidschanischen erhaltengeblieben? Wir stellen diese Frage nicht aus dem Grunde, dass die Originaltexte von Mirsa Schaffi (aserbaidschanisch und persisch) zu wenig erhalten geblieben sind. Wäre es so, dann hätten wir die Texte in der Übersetzung von Aslan Aslanov nicht berücksigtigt oder wir würden den Dichter, Denker und Aufklärer Mirsa Schaffi Waseh nach seinen 15-20 Gaselen-Gasiden, Mäthnevis, Muchammas, Weisheitssprüchen und dem „Kitabi-Türki" („Das Buch des Türkischen") kennenlernen. Wollen wir uns deutlicher ausdrücken: der ganze Nachlass von Mirsa Schaffi Waseh in Deutsch besteht insgesamt aus 351 Gedichten – mit allen von F. von Bodenstedt veröffentlichten Werken zusammen: „Tausend und ein Tag im Orient", „Die Lieder des Mirza-Schaffy" und „Aus dem Nachlasse Mirza Schaffy`s". Alle anderen Übersetzungen im Russischen, hauptsächlich von N. Grebnew und L. Maltsew betragen insgesamt gegen 400 (Selbstverständlich ist etwa mehr als die Hälfte von verschidenen Übersetzungen derselben Gedichte). Aber die Zahl der Übersetzungen in unsere Muttersprache übersteigt kaum 100 Gedichte. Wie kann man dann folgende Gedanken von Bertels verstehen: Wie können wir die Fragen beantworten? „Im Falle, wenn das Original angeboten wird" und „all diese Gedichte man Waseh zurechnen kann und „vom Niveau der Übersetzung wäre das eine Unhöflichkeit". Wenn wir uns nachdenken, dass wir lange Zeit mit Rußland (russischer Literatur und Literaturkunde) zusammen gelebt haben, können die Fragen, und die nicht stellen dürfen, nur Schadengefühle hervorrufen.

Es mögen auch andere Situationen berücksichtigt werden. Unabhängig davon, welche Seite wir unterstützen, scheinen manche Forscher und Kritiker in der Presentation von Friedrich von Bodenstedt das Schaffen von Mirsa Schaffi in das Schaffen von Hafis, Sadi, Chajjam und insbesiondere von Füsuli eingemischt zu haben (ausgeschlossen die Texte, die konkretisiert worden sind) und beruhen darauf, dass diese bis die Originale nicht erfunden worden sind, nicht diskutiert werden können. Weil nur in diesem Falle man bestimmen kann, wie jeder und bei jemandem teilhaft ist. Daraus ergibt sich, dass jedes Argument umgekehrt oder falsch erklärt werden kann. Und eins darf nicht vergessen werden, dass in der orientalischen Poesie, in der auch mit Mirsa Schaffi das ganze Aserbaidschan vertreten ist, sind die Wege und Stile von Tezmin, Texmis, Terbi, Nezire usw. Nachahmungs- und Vergleichungsarten, die alle Dichter in ihrem Schaffen benutzen. Dadurch drücken die Dichter ihre Achtung vor früheren Meistern aus, das zeugt davon, dass die Literatur durch die Benutzung der alten Ideen und Inhalte neue Formen und Zusammenhänge wiedergeben und zugleich ästhetische Probleme löst. Es lohnt sich, noch an eins zu erinnern: die orientalischen und aserbaidschanischen Klassiker sind zu verstehen, aber unter den Dichtern Aserbaidschans nimmt Füsuli eine besondere Stelle im Sinne „der Nachahmung" im XX. Jahrhundert ein. Der ist der meist „Nachgeahmte".

Es muss noch ein Moment hervorgehoben werden. Die meisten Dichter, unter ihnen auch Mirsa Schaffi Waseh, wurden in westlichen Übersetzungen verfälscht, bewußt oder unbewußt mit viel Schmuck, weich gesagt, die Gestalt des „Weintrinkers" gehoben dargestellt, insbesondere charakteristisch für die Sovjetliteratur der Zusammenfall mit solcher Ideologie jener Zeit wie „Materialist", „Gottlose" „Feind der Religion". Das war einer von großen Fehlern. Die Leseart und Analyse der Texte im Kontext der orientalischen Poesie zeigen das Umgekehrte. Außerdem sollte man bei der Übersetzung der Gedichte die Spezifik, ihre buchstäbliche Wiedergabe und Interpretation wegen der Weltlichkeit aufrechterhalten, das passierte von sich selbst, denn man versuchte adequat zu übersetzen.

* * *

Bei der Vorbereitung „Der Gesamtwerke" Mirsa Schaffis in drei Sprachen zur Auflage haben wir diese und andere Bedingungen berücksichtigt. Als Hauptvariante haben wir „Die Lieder des Mirza-Schaffy" nach der Leipziger Auflage vom Jahr 1924 (dieses Buch wurde aufgrund von „Tausend und ein Tag im Orient", Decker, 1850, Berlin und „Die Lieder des Mirza-Schaffy", Decker, 1851, Berlin zusammengestellt) und auch von „Aus dem Nachlasse Mirza Schaffy`s" (Miniaturausgabe / A.Hoffmann &

Camp, 1876, Berlin) genommen. Alle Gedichte in gotischen Schriften übertrugen wir in neue deutsche Schriften. Dann haben wir sie zusammen mit den Übersetzungen aus dem Persischen mit denen, die bisher im Aserbaidschanischen und Russischen (in Übersetzungen) vorhandenen Gedichten verglichen. Im Aserbaidschanischen nahmen wir als letzte und vervollkommenene Quellen „die Lieder" und die Gedichte aus dem Buch von Akif Bajram „Der literarische Nachlass von Mirsa Schaffi Waseh", im Russischen aber aus dem Buch „Mirsa Schaffi Waseh in russischen Übersetzungen" und „Mirsa Schaffi Waseh. Lyrik" als vervollkommenene Quellen. Die von der Hejdar Alijewstiftung im Jahre 2015 aufgelegten Gedichte stützten sich auf die zahlreichen vorangegangenen Quellen, die wir manchmal durchgesehen haben. Auf diese Weise bestimmten wir die in beiden Sprachen fehlenden Gedichte und bereiteten ihre buchstäblichen Übersetzungen in beiden Sprachen vor. Zur gleichen Zeit verglichen wir die im Russischen und Aserbaidschanischen vorhandenen Gedichte miteinander und füllten die anzutreffenden Lücken aus. Damit sammelten wir im Aserbaidschanischen 270, im Russischen 180, im Deutschen aber 15 Gedichte zuerst in buchstäblicher, später aber in literarischer Übersetzung. In der nächsten Stufe nach der dauernden Lesart fanden wir 9 Gedichte, die wir keineswegs zu Wasehs Schaffen zurechnen konnten (z.B., „Ja, wir leben in einer großen Zeit", oder „Mullah! Rein ist der Wein...") und auf die wir verzichtet haben. Auf ihre Übersetzungen haben wir auch aus denselben Gründen verzichtet. Zur gleichen Zeit muss betont werden, dass es Gedichte gab, die von manchen Gelehrten zum Objekt der Diskussion gemacht worden sind, die wir mit Kommentarien miteingeschlossen haben. Z.B.: das Gedicht „Feth-Ali". Wir schließen uns dem von Professor F. Vejsälli in seinem Buch „Mirsa Schafi Waseh und Bodenstedt: Versionen und Tatsachen" geäußerten Gedanken an.

Selbstverständlich gab es solche Gedichte, die von unseren Gelehrten zu Waseh zugerechnet sind, manchmal auch als Beispiel angeführt sind, wir benutzten deutsche Übersetzungen, weil sie im Original nicht belegt worden sind. Z.B., das Gedicht „Nicht mit Engeln in blauem Himmelszelt", obwohl wir in Kommentarien angeführte Variante erwähnt haben (nach Forschungen von A. Sejidsade dieses Gedicht ist nicht ein Gedicht in drei Strophen (aus 12 Zeilen), wie es Bodenstedt bestätigt, sondern vierzeilige Rubai). Klar, dass wir in diesen Prozessen enge Zusammenarbeit mit den Gelehrten- Fachleuten in Deutsch, so wie auch mit den aserbaidschanischen Forschern des Schaffens von Mirsa Schaffi wie Prof. Dr. Dr. Akif Bajram (Expert), Prof. Dr. Dr. Fachraddin Vejsälli (die buchstäblichen Übersetzungen aus dem Deutschen und Expert), Doz. Dr. Vilajet Hadshijew (Hospitation) und Dichter Yusif

*In Tifliser Gärten.
Das Jahr 1861.
Maler H. Timm*

Savalan (aus dem Deutschen und ins Deutsche buchstäbliche Übersetzungen, auch manchmal literarische Übersetzungen). Mit Orhan Aras und Karl H. Kiel aus Deutschland haben wir bei der Übertragung aus dem Gotischen und auch bei den literarischen Übersetzungen zusammen gearbeitet. Dann aber haben wir mit dem russischen Dichter und unermüdlichen Übersetzer der orientalischen Dichtung ins Russische Michael Sinelnikow (die meisten neuen Übersetzungen ins Russische gehören ihm), aserbaidschanischen Dichtern und Übersetzern Nidshat Mamedow (Verfasser der meisten neuen Übersetzungen und einiger poetischen Übersetzungen) und Alina Talybowa (literarischer Redakteur der russischen Texte und Übersetzerin einiger Gedichte) zusammen gearbeitet. Neben den genannten russischen Übersetzern haben wir die bisherigen Übersetzungen von N. Grebnew und L. Maltsew, auch die Übersetzungen von F. Kalugin, B. Markow, S.Nadson, I. Prodan, I. und A. Tchorshewskys, P. Tschaikovski, N. Eifert, P. Jakubowitsch, A. Scheller-Michajlow und W. Lugowskoj ins Buch eingeschlossen. Das zeigt, unseres Erachtens, breite Geographie und Buntheit der „Reise“ von der Poesie Mirsa Schaffis ins Russische.

Wir haben über die Übersetzung von Mirsa Schaffi ins Aserbaidschanische, im Grunde genommen, seine Herstellung in der Muttersprache extra zu sprechen. Bisher kennt der aserbaidschanische Leser den Dichter Waseh in drei unterschiedlichen Intonationen, von Original- und Übersetzungstexten, wie man ihn „mit gehörtem Atemdruck“ und wie davon herausgehende Gestalt darstellt. Die erste hat sich in Erus und Ramal geschrieben, die vom unvergeßlichen Salman Mümtas erfundene Gasel „So viel Sterne im Gewölbe der Himmel existieren“ und Muchammas „Hoch an

Eine Straße in Tiflis. Gemalt von E. Ronijat nach dem Bild von T. Horschelt und nach dem Photo von Hanfstengel. Mitte des XIX. Jh-s

Wuchs harmonischen Leibes gehst du vor meinem Blick", die andere von H. Mammedsade in Archiven Georgiens aufgefundenes Poem „In der Sehnsucht des Briefs", das von unserem tüchtigen Dichter Balasch Aseroghlu in unsere Muttersprache frei und gereimt übersetzt wurde wie „Oh, du Führerin des Gartens der Liebe" und die dritte „Die Lieder" in der Übersetzung von Aslan Aslanov wie „In meinem Lebensringe bist du der Edelstein" oder „Ein Mullah auf verbot'nen Wegen" ausgestaltet. Plus dazu haben wir beschlossen, durch diese Originaltexte und Übersetzungen, die in diesem Buch belegt sind, der Realität treu zu bleiben und diese Richtlinie fortzusetzen.

Asad Jaschar, einer von den führenden Dichtern der Selbständigkeitsjahre, der zur gleichen Zeit zahlreiche Übersetzungen aus der Weltliteratur gemacht hat, ein ernsthafter Prosaiker und Verfasser der poetischen Übersetzungen, Konzeptualist ist Verfasser einer großen Textmasse (entsprechend der dritten Luftweh) neben gereimten Übersetzungen der meisten buchstäblichen Übersetzungen. Seine Übersetzungen ermöglichen, Waseh ohne Wörterbuch als einen modernen Dichter zu lesen und gestattet es „handgreif" zu sein.

Aber virtuoser Übersetzer, der begabte, der bisher nicht gut erkannte, als Übersetzer im Allgemeinen nicht bekannte Dichter-Gaselchan Pünhan Äsimli hat Waseh in Erus (insbesondere in Ramal, Hadshas, Sari, Müsare, Mütas, Chaffif, Munsarih und Mütedarik) untersucht und, u. E., ihn so herzustellen versucht, dass beim Lesen dieser Gedichte niemand daran denkt, dass sie aus dem Deutschen übersetzt worden sind. Zugleich wird man annehmen, als ob sie im XIX. Jh. geschrieben worden sind.

Tiflis.
Eine Straße auf dem Platz Mejdan.
Photoansichtskarte. Die zweite Hälfte des XIX. Jh-s

Aus dem Deutschen hat Y. Savalan viele Gedichte zeilenweise in Silbenform ins Aserbaidschanische übersetzt. Außerdem hat unser großer Dichter Ch. Rsa einige Gedichte von Waseh übersetzt. Das zeugt von der Buntheit der allgemeinen Palitra von unserem hervorragenden Dichter Waseh und auch davon, dass der poetische Nachlass des großen Waseh nie vergessen wurde . An die Übersetzungen von Balasch Aseroghlu haben wir schon oben erinnert.

Nach der Beendigung der Arbeit an den Übersetzungen sollten wir natürlich an die Anordnungsprinzipien oder Zusammenstellung der „Gesamtwerke" von Mirsa Schaffi Waseh denken. Von diesen vier Bänden enthält der erste Band die Gedichte, die Waseh in der aserbaidschanischen und persischen Sprache gedichtet hat. Im 2. Band haben wir seine Gedichte aus dem Werk „Tausend und ein Tag im Orient" gesammelt (das heißt, dass es sich hier um die Gedichte handelt, die zuerst in Deutschland veröffentlicht worden sind). Von diesen Gedichten war in der ersten Auflage die Zahl der früher geplanten Gedichte 40, aber später haben wir uns nur mit 18 Gedichten begnügen. Im 3. Buch wurden die Gedichte aus „Die Lieder" und endlich im 4. Band die Gedichte „Aus dem Nachlasse Mirza Schaffy`s" gesammelt. Sowohl in aserbaidschanischer, als auch in russischer Versionen sind die Reihenfolgen und Unterkapitel wie in der deutschen Version aufrechterhalten geblieben. Nur im Buch der aserbaidschanischen Sprache haben wir Gasel, Mäthnevi und andere klassische Gedichtformen hervorgehoben, weil diese Fragen in Übersetzungstexten ihre Funktion bedingt und formell aufbewahren.

Schließlich haben wir unter den Gedichten, die sowohl in deutschem, als auch in russischem Büchern die Namen der bedingt und literarisch übersetzenden Personen angemerkt. Die Benutzung dieser wenig angewandten Praxis ist einerseits damit verbunden, dass einige auffällige „Unkorrektheiten" der bisherigen Wasehübersetzungen zu vermeiden, andererseits damit verbunden, dass wir nicht nur Fragen der Leser, sondern auch der Wasehforscher zu beantworten versucht haben. Außerdem glauben wir mit der „Bertelshoffnung", irgendwann die Handschriften von Mirsa Schaffi gefunden zu haben, dadurch drücken wir unserem Klassiker, dessen literarisches Schicksal „im Knotenpunkt" verflochten ist, unsere unglaubliche Treue aus. Im ersten Buch in deutscher Version unter allen Gedichten, die in anderen 3 Bänden gesammelt sind, ist als Übersetzer Friedrich von Bodenstedt bezeichnet. Es muss betont werden, dass sich Bodenstedt in seinen Übersetzungen von Waseh, insbesondere „Aus dem Nachlasse Mirza Schaffy`s" mehr als ein Übersetzer frei benommen hat, ab und zu Improvisationen zuließ, sogar manchmal durch schöpferische Impulse Ergänzungen machte. Aber in der Übersetzungsgeschichte kommen diese oder ähnliche Geschehnisse vor. Aus diesem Anlass haben wir manche Stellen, die Bodenstedt höchstwahrscheinlich wegen der Nichtkenntnisse über den Orient oder bewußt in seinen Übersetzungen zugelassen hat, teilweise beseitigt (z.B., Abweichungen in „Jussuf und Suleicha" von der islamischen und orientalischen Version). Die deutschen Versionen haben wir nicht berührt, weil sie nicht zu korrigieren waren. Das war auch Grund für die Nichtveränderung der russischen Versionen.

In der Weltliteratur und auch in der aserbaidschanischen Literatur gibt es viele parodoxale Muster. Nach der Annahme war die alte griechische Safo Verfasserin von 9 Büchern, aber wir verfügen heute nur über ein Gedicht von ihr. Oder es gab in Aserbaidschan einen Dichter Häsänoghlu, dessen nur 4 Gasele zu uns geliefert worden sind. Wir haben unseren Dichter Müschfig, wir kennen von ihm 50 Gedichte, die mündlich geliefert worden sind. Sein ganzes Erbe wurde vernichtet. Noch haben wir den Dichter, Lehrer, Aufklärer und Weisen Waseh. Es ist interessant, dass das Unglück von Waseh nicht nur mit seiner Dichtung verbunden ist. Im Vorwort zum Buch „Die Heimatsprache" schreibt W. Garadaghly: „Die Verletzung des Rechts von M. Sch. Waseh mit seinen Werken ist in seinem Schicksal nicht die einzige, so dass angefangen von Iwan Konstantinowitsch Jenikolopow alle Forscher eindeutig darauf hinweisen, dass Mirsa Schaffi Waseh „Kitabi-Türki" geschrieben hat, dessen Koverfasser der Lehrer für orientalische Sprachen im Tifliser Gymnasium Iwan Grigorjew sei, der Schüler von Mirsa Kasym-bey war. Aber die oberflächliche Bekanntmachung mit dem Lehrbuch zeigt, dieser Anspruch sei nicht richtig. Iwan Grigorjew hat nur die ersten 16 Seiten des 237-seitigen Buches ins Russische übersetzt. Dass dieses Lehrbuch nach dem Tode Mirsa Schaffis im Jahre 1855 gedruckt worden ist, war Verdienst von Iwan Grigorjew. Nichts mehr. „Kitabi-Türki" hat Mirsa Schaffi selbst geschrieben."

Ein seltsames Schicksal. Unvergleichbar und peinlich. Im Buch von Prof. Akif Bajram „Der literarische Nachlass von Mirsa Schaffi" lesen wir folgende Zeilen: „Um sich von der Verdrängung von Mirsa Schaffi offenbar zu zeugen, wenden wir uns einer Tatsache zu: auf der Titelseite des Buches „Tausend und ein Tag im Orient" ist Bodenstedt sitzend zu den Füßen seines Lehrers, des großen aserbaidschanischen Dichters dargestellt. Auf der Titelseite des Buches „Die Lieder des Mirza-Schaffy" sitzt Bodenstedt schon neben ihm. Im dritten Buch – „Aus dem Nachlasse Mirza Schaffy`s" ist das Porträt des Dichters völlig weggenommen."

Unsere schöpfersche Gruppe dieser Bücher hat keine Absicht, jemandem vorzuwerfen. Das Geschehenis war vor fast 2 Jahrhunderten. Das wäre heute unverständlich. Wir gehen davon aus, dass Friedrich von Bodenstedt ein talentvoller Übersetzer von Mirsa Schaffi war. Das gilt auch für deutsche Literatur und Literaturkunde. Die deutsche Literaturwissenschaft kennt unter dem Namen Bodenstedt keinen ernsthaften Dichter. Höchstwahrscheinlich hat das Schicksal für die „Lebendigkeit" von Mirsa Schaffi diesen Weg herausgewählt.

In der Tatsache ist der Name Mirsa Schaffi nie vergessen worden, die Maler haben seine Bilder gemalt, die Bildhauer stellten seine Denkmäler. Die Gestalt von Mirsa Schaffi ist in der aserbaidschanischen Prosa erfolgreich geschildert: Ä. Nidshat schrieb den Roman „Das Leben, das sich in die Lieder verwandelt hat" und F. Mustafa – „Ich gehe dem Licht gegnüber".

Vor fünf Jahren hat die Aserbaidschanische Republik nach dem Erlass des Präsidenten Herrn Ilham Alijew den 220. Geburtstag von Mirsa Schaffi gefeiert. In Gändshä und Baku wurden zahlreiche wissenschaftliche und literarische Konferenzen und Veranstaltungen, darunter auch „Weisheitsdiwan" durchgeführt. Die Bücher von Mirsa Schaffi Waseh, herausgegeben in Deutschland in den Jahren von 1850 bis 1924, sind ausgestellt worden. Im vorigen Jahr wurde „Kitabi-Türki" mit dem Vorwort von Prof. Chälil Jusifli herausgegeben. Heute tragen viele Parks, Schulen und Straßen den Namen von Mirsa Schaffi. Schließlich begehen wir heute, jetzt den 225. Geburtstag vom großen aserbaidschanischen Dichter Mirsa Schaffi Waseh mit „Gesamtwerken".

Selim Babullaoghlu

(Übersetzung: F. Vejsälli)

Mirsa Schaffi

WASEH

Das erste Buch

In der aserbaidschanischen und persischen Sprache
verfasste Werke

1 (1).

Soviel Sterne im Gewölbe der Himmel existieren*

Soviel Sterne im Gewölbe der Himmel existieren
Soviel Wunden durch Pfeile in meiner Brust existieren.

Was man in der Höhe sieht, ist nicht die Wiederkehr der Sterne
In meinem Blick auf deine Tränen gibt es eine Trunkenheit.

Derjenige dessen Wind rau ist und dessen Nacht freudlos abläuft
Hat bestimmt eine vorwurfsvolle Geliebte.

Möge der Mensch nicht so sehr aufleben und nicht so sehr jammern
In meinem Herzen existiert ein Quell wie eine Fontäne.

Waseh der sich gut mit Jammer auskannte, rezitierte diesen Vers,
Aber scheinbar hatte er Gäste im Tulpenzimmer.

Übersetzung: Karl H. Kiel

* Das Gedicht wurde erstmals 1926 von Salman Mümtas veröffentlicht (siehe: Salman Mümtas, „*Mirsa Schaffi Waseh*", Baku, 1926. Institut für Handschriften der Akademie der Wissenschaften der Aserbaidschanischen Sowjetrepublik, Nr. 18814). Einige in der aserbaidschanischen und persischen Sprache verfassten Gedichte in diesem Buch (1 (1), 2 (2), 5 (5), 7 (7), 8 (8), 9 (9), 10 (10)) wurden derselben Quelle – der Handschriften von Mirsa Mehdi Nadshi und Mirsa Nasrulla Nasir entnommen.

2 (2).

Hoch an Wuchs, harmonischen Leibes gehst du
vor meinem Blick (so!)

Hoch an Wuchs, harmonischen Leibes gehst du
vor meinem Blick (so!).
Mein Herz und meine Tränen, worüber grämen wir beide uns?
Verbiete mir nicht, o Scheich, das Entzücken ihres Antlitzes zu sehen!
Woher weißt du, was an dem ewigen Blick des Sängers
vorübergehen kann?
O du, die du vor mir vorübergehst, du vernichtest mich.

Wie die Sonne, die über dem Mond aufgeht in den heftigen
Strahlen des Feuers.
Wenn dein Leib deine Schönheit so eifersüchtig hütet,
Wann wird mein kurzer Arm dich bebend umfassen?
Deshalb ist Vazehs Stimme so süß in seinen Liedern und Versen,
Dass die Stimme des Sängers von dir spricht, von deinem süßen
Rubinenmund.

Wie viel Fixsterne am Himmel und goldene Planeten,
Soviel Wunden haben meinem Herzen deine weiblichen Launen
geschlaget.
Du bist kein Stern, nicht einer von denen, die am Himmel von Feuer
entzündet sind,
Aber meine Augen, trinken vom Wein, sind nur auf dich gerichtet.
Du bist ein Engel, aber dein Antlitz, bald ist es Sonne, bald Mond.

Ich bin trunken von dir, doch das Trinkglas ist mir jetzt verboten.
Zeige dich ohne Hülle, licht, zart und harmonisch!
Wie ist die Haarsträhne auf deiner Stirn schön und lieblich!
Den Verliebten hast du in große' Verlockung gestürzt, o Susani!
Deinem Wuchs, deinem Bau kann nur Atlas standhalten.

Du kannst die Todesstrafe über mich verhängen,
Allein durch die Bewegung deiner Augen.
Auf dein Wort wird Christus noch einmal auferstehen.
Und in dem, der auf dich blickt, verglüht das Licht des Verstandes.
Alle Gedanken hast du auf einmal in ihm hinweggefegt, Susani.

Jeden Tag geht die Sonne auf, verneigt sich vor dir.
Du gehst morgens in den Garten – und die ganze Pappel erbebt.
Die Knospe, dein Mündchen erblickend, brennt vor Neid.
Ich liebe dich, Tochter des Giaurs (Ungläubigen).
Der hat recht, der sagt, dass du mich von Allah abgezogen hast, Susani.

Übersetzung: Friedrich von Bodenstedt

3 (3).

Ihr zerstört tausend Häuser und errichtet ein leeres Minarett*

Ihr zerstört tausend Häuser und errichtet ein leeres Minarett,
Steigt doch den Thron hinauf und besucht wenigstens Gott.

Übersetzung: Karl H. Kiel

* Dieses Gedicht und die unter folgenden Nummern angegebenen Werke (4 (4), 11(11), 12 (12), 13 (13), 14 (14)) wurden dem Buch *„Großer Denker und Dichter aus Gändshä Mirsa Schaffi Waseh“* (Gändshä, 1929) von A. A. Sejidsade entnommen.

4 (4).

Die Arznei für Liebeskummer ist ein rosenfarbiger Becher

Die Arznei für Liebeskummer ist ein rosenfarbiger Becher.
Waseh, das sagt man in den Tavernen.

Übersetzung: Karl H. Kiel

5 (5).

Unterhaltungen mit Nadshi und Naseh

Vazeh…

Wenn eine Frau mit rotem Gewand grün wird,
Dann erscheint Moses Imran angeblich in der Gestalt von Tur.

Nadshi…

Diese Augen haben dich wie ein Henker in ihre Hand genommen,
Sie möchten dich töten, aber ein gefühlvolles Bild sie zeigen.

Aus meinem Körper wegen dem Schmerz der Trennung Klagen emporsteigen,
Es ist ein solcher Körper der sogleich selbst sich zeigt.

Die Striche Deines Antlitzes zerstörten das Vermächtnis der Schönheit,
In dieser Ruinenstadt die Ameise selbst sich zeigt.

Naseh

Indem die Augentränen den Punkt der Pupille verderben,
Ein verhängnisvoller Tag seine Stärke zeigt.

Mein zerrissenes Herzens wurde durch die Zunge verletzt, die Ursache dafür ist die Zunge,
Aber jemand anderem sie dies als Mansur* aufzeigt.

---

* Hier wird der bekannte Sufi Mansur Halladsh gemeint.

Schaue nicht umsonst auf meine glänzende Farbe,
Der Liebeskummer so krank mich zeigt.

Naseh, betrachte die Gebote unserer Religion nicht so ernst,
Ein Geschöpf sich manchmal auch als Ameise zeigt.

Übersetzung: Karl H. Kiel

6 (6).

Oh meine Seele, komm doch hervor*

Oh meine Seele, komm doch hervor, durch meine Sehnsucht zu dir
ist meine Seele mir bis zum Hals gestiegen,
Leg deine Lippen auf meine Lippen und töte mich dann.

Durch dein Feuer hat Gott mir zwei Wohltaten gegeben.
Wenn du es nicht glaubst dann siehe wie ich weine und wie ich brenne.

Wenn Kummer und Leid die Welt von allen Seiten umschlingen,
ist sie mir trotzdem willkommen,
Da in meinem Herzen Liebe existiert, bin ich weder
mit dem einen noch mit dem anderen.

Meine Tränen sind mein Thron, mein Ach ist meine Krone,
mein Kummer ist mein Heer und meine Trauer ist meine Heimat.
Ich bin der Sklave der Umgebung meiner Geliebten,
ich bin der Sultan des Vermögens der Liebe.

Wenn ich auch ganz zu Grunde ginge, würde ich doch ewig leben.
Stell diese schwierige Frage weder Platon noch Lokman.

Wenn mir von deinen lieblichen Wangen
nur ein bisschen Würze gewährt würde,
Würde ein Engel aus dem Himmel mir in diesem Augenblick
guten Appetit wünschen.

---

* Diese und andere erwähnte Werke (6(6), 15(15)) wurden im nach K. Kekelidze benannten Institut für Handschriften der Akademie der Wissenschaften Georgiens auf der Grundlage des unter der Signatur P107 (137) gehaltenen Kodex ermittelt. Es wurde von Hamid Mammadzade entdeckt. In diesem Kodex namens „*Gedichtsammlung*" sind zwei Gasele und ein unbetiteltes Poem von Mirsa Schaffi Waseh, welches heute „*In der Sehnsucht des Briefes*" genannt wird.

Oh meine Geliebte, gedenke nunmehr deines kranken Liebhabers,
Durch Vereinigung mit dem Kummer der Sehnsucht,
wirst du zur Arznei.

Wegen Liebeskummer zu brennen und zu weinen
ist nicht angemessen,
Aber ich brenne im Geheimen so dass niemand
meinen Aufschrei vernimmt.

Wegen dem Glanz deiner schwarzen Locken, wegen dem Begehren
zu deinem Gesicht schön wie der Mond,
Wird meine Nacht zum Tag und mein Tag zur Nacht, wo bist du
oh mein glänzender Mond?*

Vazeh, nähre keine Hoffnung wegen Haare und Gesicht jener Schöne,
Wenn Gott mir hilft, erobere ich ganz China.

Übersetzung: Karl H. Kiel

* In der orientalischen Poesie wird die Schönheit einer Frau oft mit dem (Voll) Mond verglichen.

7 (7).

Als ich in meiner weitläufigen Phantasie herumging

Als ich in meiner weitläufigen Phantasie herumging,
Ach, was da alles an meinem Herzen und meinen
nassen Augen vorbeiging.

Oh Scheich, verbiete mir nicht morgen der Geliebten
ins Gesicht zu schauen,
Was weißt du schon was alles an dem Blick
der Erleuchteten vorbeiging?

Wenn die Sonne an dem Mond vorbeizieht ist es
als ob sie ihn aufzehrte,
Wenn du an mir vorbeigehst ist es als ob du mich aufzehrst.

Wenn du den Rock deiner Geliebten loslässt, entfernst du dich von ihr,
Wie sollen meine kurzen Hände deinen Gürtel fassen?

Vazehs Poesie ist so lieblich für sie,
Denn sie erzählt von der Süße deiner Worte.

Übersetzung: Karl H. Kiel

8 (8).

Oh der du mit uns in Freundschaft verbunden bist

Oh der du mit uns in Freundschaft verbunden bist, wirf dein Buch
der Gelehrsamkeit ins Wasser,
Oh du Freund mit dem schönen Schritt, schlag keinen anderen Weg
als den Weg der Liebe ein.

Frag diesen freudlosen Liebenden nach nichts anderem
als nach der Liebe zu der Geliebten,
Unterhalte dich mit diesem bedauernswerten Liebenden
über nichts anderes als über die Liebe.

Seit dieser Zeit wurde mein Herz zu meinem Garten
in dem sie sich verbarg,
Wohin ich auch schaue, ich sehe ich nichts außer ihrem Bildnis.

Dieses hohe Himmelszelt sieht aus als ob es mit Sternen
geschmückt sei,
Vielleicht ist auch es ein Liebender der aus Sehnsucht Tränen vergießt.

Die Zeit der Rosen und der Frühling sind die Zeit der Natur
und der Unterhaltung,
Steh auf, richte am Flussufer eine Weinrunde an und spiel Flöte.

Waseh erhebt den Kopf vom Boden, als er den Duft der aus der Tür
der Geliebten kommt, wahrnimmt,
Ja, so belebt dieser Duft wieder den Geliebten der vor Liebe stirbt.

Übersetzung: Karl H. Kiel

9 (9).

Die Schöne die im Zelt saß, ordnete ihre Locken

Die Schöne die im Zelt saß, ordnete ihre Locken
Aber aus dem Sinnbild der Dunkelheit schien das Licht, das wahre.

Das Auge möchte im Auge des Freundes, die Hand aber im Schoß
der Geliebten verweilen.
Einerseits möchte die Liebe sich zum Schmücken und andererseits
zur Andacht bereiten.

Es ist nicht jedem vergönnt in ihr Zimmer eintreten zu können.
Da es nun so ist, setz dich hin, brenne wie eine Kerze und nimm es hin.

Aus Mahmuds Schrein steigt am Tag des Gerichts eine Stimme hinauf.
Ein Mensch der durch das Schwert von Ayaz* starb,
kein Paradies braucht.

Die Gefühle der Begierde blieben auf halbem Wege,
aber die Tragweite der Absicht blieb in der Ferne zurück.
Für Waseh haben nun die Stimmen der Raben den Platz
der Glocken der Karawane eingenommen.

Übersetzung: Karl H. Kiel

---

* Hier wird auf eine Freundschaft zwischen Sultan Mahmud Ghaznevi (969-1030) und seinem engen und treuen Freund Ayaz verwiesen. Damit versuchte Waseh, Freundschaft und Liebe zu verherrlichen, indem er Folgendes bedachte: Was ist das Paradies für den durch das Schwert eines Freundes Getöteten? Ist so ein Tod nicht das größte Glück?

10 (10).

Unterhaltung*

Mein Mond der sich zu einer neuen Reise aufmachte.
Als du vor meinen Augen vorbeigingst, rannen Tränen
aus meinen Augen auf meine Brust.
Man gießt ja Wasser aus hinter denen, die auf eine Reise gehen.

Oh, dann senkt sich die Dunkelheit der Nacht hernieder, dies ist das Ende der Liebe, die Nacht der Trennung. Oh, dann freut sich der helle Tag, denn das Ende des Lebens ist an jenem hellen Tag.

Oh du Gottloser, komm her und sieh den Schmerz der Nacht
der Sehnsucht,
Den Tag des Gerichtes kannst du nicht leugnen.
Sieh den Wissenden an, wie er im Augenblick
der Vereinigung Lust empfindet.
Was kann schon ein Unwissender vom Paradies erwarten?

Der Augenblick der Trennung von den Lieben ist eine Abschiedszeremonie. Warum nur hast du Abstand genommen von dieser Abschiedszeremonie?

Oh du berühmte Schönheit in unserer Stadt,
warum nur bist du gegangen und hast verlassen diese Stadt?

---

* Es wird vermutet, dass Mirsa Schaffi dieses Werk einem Mädchen widmete, das er einst in Tiflis (manche meinen in Gändshä) liebte, und welches man aber später mit einem wohlhabenden Jungen aus dem Dorf verheiratete (basierend auf dem Buch „*Poet Mirsa Schaffi*" von Jenikolopow, Baku, AzFAN, 1938). Das Werk wurde in drei Sprachen – Aserbaidschanisch, Persisch und Arabisch – in Versform und Prosa verfasst, wobei auch die Prosa mit Reim versehen ist. Wegen der erleuchteten und religiösen Gefühle und Hinweise im Text denken wir, dass der Grund für das Verfassen dieses Werkes nicht nur eine irdische Liebe und der Adressat nicht nur eine geliebte Frau ist.

Einst warst du wie der Vollmond, nun hast du abgenommen
und wurdest zur Mondsichel,
Nun vergießen meine Augen nur noch Blut nachdem du
gegangen bist.
Nunmehr kann ich dein Gesicht nur noch
in der Phantasie sehen,

Welcher Weg führt zu dir, zum Staub deiner Füße, welcher Weg?
Selbst die Wüsten Chinas beneiden dich um den Duft deiner Haare.

Wohin gehst du auf einem Pferd mit deiner
glänzenden Schönheit und deinem Stolz
Und mit dieser Haltung?
Sogar das Schicksal wird vor Neid zu deinem Sklaven
mit Ohrring,
Ja sogar die ganze Welt ist dir zu Diensten.

Man sagt ja aus dem Auge, aus dem Sinn, Aber du bist nur aus dem Auge verlorengegangen und lebst weiter in meinem Sinn.

Ich vergieße Tränen, wenn ich dich nicht sehe, meine Seele
kann sich nicht trennen von dir,
Diese Seele ist eine Seele, die doch nicht leben kann ohne dich.

An einem Ort wo die Seele erleuchtet ist, braucht es kein Gebet, keinen Gruß, dort, wo die Liebe zur Aufbewahrung gegeben wird, braucht es keinen Boten und keinen Auftrag.

Welcher Weg muss beschritten werden um sich
mit dir zu vereinigen?
Um dies erreichen zu können, reicht sogar
meine Phantasie nicht aus.

Mein Leben hängt davon ab mich mit dir zu vereinen, aber mein Tod von der Trennung.

Du hast mich im Feuer der Liebe verbrannt.
Aber als du sahst wie ich brannte, bliebst du mir fern.

Komm doch zurück, ohne dich gibt es weder Licht in meinem Auge noch Freude in meiner Seele.

Ich habe weder Lust zu lachen noch den Wunsch zu reden.
Ich kann mich weder hinsetzen noch habe ich die Kraft
zu gehen.
Ich kann mich nicht mehr gedulden, noch habe ich die Kraft
zu klagen.
Meine Seele ist auf meinen Lippen, meine Augen
sind auf die Wege gerichtet.

*Komm zurück oh Sonne, zeige dein Antlitz, wirf den Schleier von dir ab, erleuchte die Runde der Liebenden. Es ist jetzt nicht die Zeit sich in den Finger zu schneiden**.

Den Finger und die Orange nicht voneinander zu unterscheiden
und sich zu schneiden ist doch keine Überraschung.
In jeder Faser deines Haares stecken
hundert enthauptete Menschen.

Übersetzung: Karl H. Kiel

* Es wird auf die Geschichte von Josef und Zuleicha verwiesen. Anstatt die Früchte zu schneiden, schneiden sich die Frauen, die durch den Anblick der Schönheit Josefs verwirrt sind, in die Finger.

11 (11).

Wenn ein Mann eine Frau liebt

Wenn ein Mann eine Frau liebt,
Dann ist er ein guter Freund, man sucht keinen Fehler bei ihm.
Aber wenn eine Frau einen Mann liebt,
Warum nur schaut man sie dann schief an?

Übersetzung: Karl H. Kiel

12 (12).

Mögen meine Seele und mein Herz

Mögen meine Seele und mein Herz für einen Kuss
der Geliebten geopfert werden,
Mögen auch meine Wünsche und meine Hoffnung
für sie geopfert werden.
Ich bin verliebt, wegen der Liebe zu ihr versank ich
in Kummer und Gram,
Ich bin eine weinende Nachtigall, so blieb ich wegen der
Sehnsucht zu ihr weinend zurück.

Übersetzung: Karl H. Kiel

13 (13).

Mit der Geliebten Lippe an Lippe zu sein

Mit der Geliebten Lippe an Lippe zu sein,
ach wie lieblich das doch ist.
Mit ihr einen Becher nach dem anderen zu leeren,
ach wie lieblich das doch ist.
Diese schmallippige, schönredende, schöne Blume
Zu umarmen und zu drücken, ach wie lieblich das doch ist.

Übersetzung: Karl H. Kiel

14 (14).

Wie lange noch wird sich dein gutes Herz vor mir scheuen und fürchten

Wie lange noch wird sich dein gutes Herz vor mir scheuen
und fürchten?
Wie lange noch wird es zu der Liebe seines Geliebten
gleichgültig bleiben?

Übersetzung: Karl H. Kiel

15 (15).

Wie glücklich ist diese Seele, denn sie ist der Hort der Liebe

Wie glücklich ist diese Seele, denn sie ist der Hort der Liebe,
Möge dort immer der Gedanke an die Liebe existieren.

Dieses Herz und dieser Kopf sind gleichermaßen ein tauber Brunnen,
Wenn sie den Kummer und das Leid der Liebe nicht kennen.

Lerne auch du von dem Falter und der Nachtigall,
Schau wie sie beide die Liebe besingen.

Für die Ehre des Kenners des Herzens ist es ausreichend
Sich wegen der Liebe einer Schönen bloßzustellen.

Dort wo der Vogel der Liebe (Wellensittich) mit den Flügeln schlägt,
Wisse, dass es dort auch Liebeskummer gibt.

Für einen deiner Blicke gab ich dir zwei Welten.
Das schönste der Geschäfte ist das Geschäft mit der Liebe.

Wie sollte auch Waseh, nicht ein Gefangener der Liebe sein,
Wo doch sogar der Berg Kaf* seinen Gipfel unter die Füße
dieser Liebe legte.

Übersetzung: Karl H. Kiel

* Der Berg Kaf ist ein mythologischer Berg in der orientalischen Mythologie.

16 (16).

In der Sehnsucht des Briefes

Oh du Führerin des Gartens der Liebe,
Du liebliche Blume des duftenden Gartens,
Du längste der Hochgewachsenen der Zeit,
Du Trost eines jeden bekümmerten Herzens,
Du auserwählte Schöne unserer Epoche,
Du Lieblichste der Lieblichen,
Du Mond der Treue und Verbundenheit der du am Himmel stehst,
Du Auserwählteste des Mitgefühls und der Barmherzigkeit,
Ihr Körper ist schön, ihr Blick ist schön ihre Taten sind gut.
Zu jener Zeit sah ich keine Schönere als dich.
Mein Gott, schütze sie vor dem bösen Blick,
Mögen keine bösen Blicke auf ihr Gesicht fallen.
Gott möge dich beschützen,
Möge niemand dir wehtun und dich betrüben,
Möge alles sein so wie es dir genehm ist.
Möge Gott dich stets beschützen,
Wenn doch nur der Dorn der sich in den Fuß der Freundin bohrt
Sich in meine Brust bohren würde.
Möge Gott dir um meinetwillen verzeihen,
Möge ich keine Minute ohne dich sein.
Du bist die erste Rose die sich öffnet
Nach so viel Liebe in deinem Kopf,
Und nachdem du die Bedingungen der Liebe erfülltest,
Muss man unbedingt über unseren Zustand schreiben.
Komm endlich her, Ahnungslose, wie lange soll das noch dauern?
Wie lange noch wirst du uns Schmerze zufügen?

Vor Sehnsucht zu dir sind meine beiden Augen voll mit Blut.
Eines meiner Augen ist das Meer, das andere der Fluss Ceyhun.*
Meine Augenbrauen wurden zu Dolchen,
Sie lassen mein Herzblut aus meinen Augen fließen.
Ich bin vom Tigris von Bagdad umgeben,
Die Menschen sitzen wegen meinen Tränen inmitten von Blut.
Während Heulen und Klagen aus meinem Herzen emporsteigen,
Rinnen Tränen aus meinen Augen wie der Aprilregen.
Oh ihr Tränen, kommt her zu mir, oh Schmerz,
Fließt und geht dorthin wo meine Geliebte ist.
Werfet euch zu ihren Füßen
Und berichtet ihr von meinem Zustand.
Mein liebendes Herz ist zerrissen vor Kummer,
Hat mein Wind deine Locken bewegt?
Ich gehe dorthin von wo die Karawane kommt
Und werde eilig auf sie zugehen.
Vor jener Karawane schlägt ihr Herz
Wie eine kranke Glocke und ich stöhne
Und suche eine Spur von meiner Geliebten.
Ich erwarte eine Botschaft von jener Schönen,
Kommt denn aus dem Innern dieser Botschaft keine Botschaft die Hoffnung gibt?
Kann ich denn keinen Trost aus der Antwort auf diese Frage finden?
Aus meinen Augen tropft Blut vor Sehnsucht.
Mein Gott, lass niemanden mich so sehen.
Oh Schicksal, was tatest du mir alles an?
Jeden Augenblick vermehrtest du meinen Kummer.
Du tatest mir tausendfach Leid an, aber gabst mir keine Arznei,
Soviel Leid für einen Augenblick deiner Sehnsucht.
Tausendfach zerrissest du mein Herz und gabst mir keinen Balsam,
Wirst du nicht müde von dieser Qual?
Wenn doch nur diese Bekanntschaft nicht existieren würde,
Und wenn sie existiert die Trennung nicht existieren würde.

* Gemeint ist der Fluss Amu Darya in Usbekistan

Weder kann ich dein Gesicht erblicken
Noch in deinem Garten eine Rose pflücken.
Niemand konnte für dieses Geheimnis eine Medizin finden,
Niemand konnte diesen Kummer teilen.
Mein Gott, wem kann ich diesen Zustand erklären?
Wer versteht denn so viel Leid?
Mein Gott, was ist der Ausweg dafür?
Wer erduldet so viel Leid wie ich?
Wenn ich diesen fände, berichtete ich ihm von meinem Leid,
Und erhielte von ihm eine Medizin.
Komm herbei, oh du duftender Morgenwind,
Bring mir von überall eine Botschaft her.
Oh du Medizin für die Geheimnisse der Liebenden,
Oh du Freund derer die im Leid brennen und dahin schmelzen,
Ich vertrocknete wie die Knospe einer Rose.
Wenn du zu ihr kämest würde sie wieder erblühen,
Was wäre, wenn du für dieses Leid einen Ausweg fändest
Und auch unser Geheimnis kenntest,
Wenn ich dir Geschichten über die Trennung
von deiner Geliebten erzählte,
Und dir von der Qual wegen deiner Geliebten erzählte?
Es wird schon werden, vielleicht gibt es jemanden
der einen Ausweg findet.
Wenn ich für dieses Leid doch nur einen Ausweg fände.
Um Gottes willen geh hin zu jener Grausamen,
Und überbring ihr eine Botschaft von diesem armseligen Liebenden.
Wenn du bei ihr ankommst, beeil dich nicht meinen Zustand
zu erklären,
Dann wird sie sich angegriffen fühlen und es wird ihr leidtun,
Gib ihr zuerst ein Zeichen,
Und drehe dich einmal von mir um sie herum,
Dann küsse sie einmal auf ihre dunkelblauen Augen.
Möge sie die mein Herz brach, die meine Seele tröstete,

Die den sorgenvollen Herzen Arznei gab,
Jeden Augenblick und jede Sekunde
Gebete und Grüße empfangen.
Wenn sie geruht nach meinem Zustand zu fragen,
Und etwas über meine Lage erfahren möchte,
Dann sag, dass ich weder Tags noch nachts Ruhe fände,
Und nichts hätte was mich beschäftigte.
Jene mit der zuckersüßen Sprache ist alles was ich habe.
Jene mit dem schönen Gang ist mein Stolz.
Wegen ihrer Worte ist ein Kummer
in meinem Herzen zurückgeblieben,
Wegen ihrem Gang ist in mir eine Kälte zurückgeblieben.
Wenn meine Seele sich an diese ihre Worte erinnert,
Wenn mein Herz sich wieder an diesen Zustand erinnert,
Dann verschwindet der Kummer aus meinem Herzen
und die Kälte aus meiner Seele,
Der Garten meines Lebens verwelkt,
Ach, aus meinem Frühling wurde Herbst,
In meinen Augen ist das Leben nunmehr vorbei.
Zu dieser Zeit kam ein Bote zu mir,
Kam ein Geist zu meinem Leib und eine Seele zu meinem Leben.
Er steckte seine Hand in die Tasche und holte einen Brief hervor.
Ein Brief der nach Moschus und Ambra duftete,
Dessen Duft sich über Berge und Bäche ausbreitete,
So als ob Himbeeren aus China gekommen seien.
Durch den Duft verlor ich meinen Verstand,
Und tauchte ein in Gedanken.
Ich öffnete das Siegel des Briefes,
Es war als ob sich mir die Tür der Gunst und der Wunder öffnete.
Ich schaute und sah, dass der Brief von jener Geliebten kam.
Bald drückte ich ihn an meinen Kopf, bald an meine Augen.
Daraufhin beruhigte sich mein Herz,
Dann verschlechterte sich mein Zustand erneut.

Ein solcher Zustand, wie sollte ich ihn beschreiben?
Was habe ich bloß für eine Bestimmung?
Der Brief jener schönen und vertrauten Geliebten war angekommen,
Mit Verwunderung öffnete ich den Brief.
Ich war ganz von ihrem Duft umgeben,
Mein Gott, was für ein schöner Augenblick,
Mein Glück war mir hold und ich bekam Reichtum.
Waren die Augen des Schicksals verschlossen?
War es eingeschlafen und erwachte mein Glück?
Wo blieben all diese Drangsal und Sorgen?
War das Schicksal seiner Qual überdrüssig?
Ich las den Brief jener rotwangigen Geliebten
Und vernahm die Botschaft von jener Schönen.
Wie viel Gnade und Barmherzigkeit ich doch fand,
Welch schöne Worte sie mir schrieb.
Sie schrieb, oh du Gefangener der Trennung,
Mögest du viel Geduld mit unserer Liebe haben,
Werde dieser Sehnsucht nicht überdrüssig,
Fühle dich nicht elend wegen meiner Abwesenheit,
Deine Liebe existiert noch immer in meinem Herzen.
Deine Liebe ist in meinem Kopf und dein Genuss in meinem Herzen,
Eigentlich gingst du mir nie aus meinem Kopf.
Und ich erwarte die Zeit zu der ich dich umarmen werde.
Denn die Liebenden wissen,
Dass Hoffnungslosigkeit ihnen nicht ansteht.
Komm her oh Schenk, bring einen rosenfarbigen Becher,
Damit der Wein den Kummer und den Rost
von unseren Herzen wegwische.
Ich möchte Gott danken, meine Bestimmung lachte mich an,
Welch eine schöne Zeit und welch ein schönes Lüftchen.
Komm her Vazeh, finde die Wahrheiten aus dieser romantischen Liebe
Und steige empor mit ihr.

Übersetzung: Karl H. Kiel

Mirsa Schaffi

WASEH

Das zweite Buch

Im Buch „Tausend und ein Tag im Orient"
veröffentlichte Werke

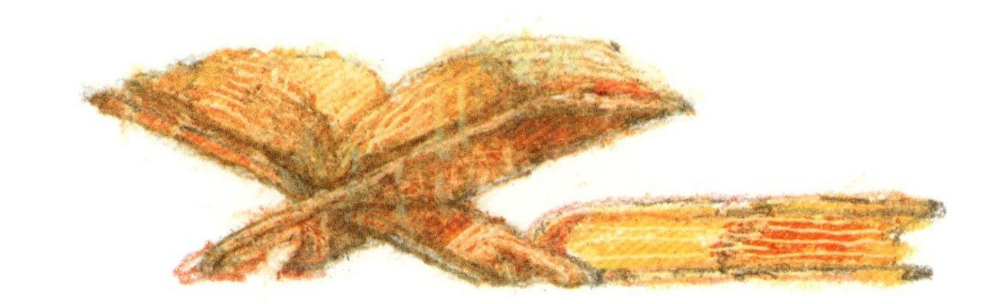

17 (1).

Mich hat der Schmerz der Liebe gebeugt

Mich hat der Schmerz der Liebe gebeugt,
Fragt nicht: für wen?
Mir ward das Gift der Trennung gereicht,
Fragt nicht: durch wen?

Übersetzung: Friedrich von Bodenstedt

18 (2).

Mit züchtigem, mit treuem Sinn

Mit züchtigem, mit treuem Sinn,
Nah' ich der Liebe Heiligtume,
Und werfe dieses Lied dir hin,
Dies duft'ge Lied, als Frageblume!
Nimm es in Freude oder Zorn hin,
Gib Tod dem Herzen oder Nahrung –
Wirf Knospe, Rose oder Dorn hin,
Ich harre deiner Offenbarung!

Übersetzung: Friedrich von Bodenstedt

19 (3).

Und steigen auch in der Jahre Lauf

Und steigen auch in der Jahre Lauf,
Wenn der Tag des Lebens vollbracht ist,
Erinnerungen gleich Sternen auf:
Sie zeigen nur, dass es Nacht ist!..

Übersetzung: Friedrich von Bodenstedt

20 (4).

Du bist der Erzeuger des Liedes

Du bist der Erzeuger des Liedes,
Ich tue ihm bloß das Gewand an –
Du lieferst den Marmor, den reinen,
Ich lege die bildende Hand an –
Du gibst den Geist, den Gedanken,
Bei mir kommt's bloß auf Verstand an –
Selbst der mangelt oft, und mit Tollheit
Füll' ich das Maß bis zum Rand an!

Übersetzung: Friedrich von Bodenstedt

21 (5).

Den jungen Fremdling aus dem Abendland besingen wir

Den jungen Fremdling aus dem Abendland besingen wir;
Ihn, der den Pfad zum Born der Weisheit fand, besingen wir.
Wir preisen seinen Mut, sein kühnes Wagen –
Sein gutes Ross, sein faltenreich Gewand besingen wir.
Wir streuen Blumen vor des Pilgrims Füße,
Und seines Hauptes Weisheit und Verstand besingen wir.
Willkommen sei der Fremdling unserm Hause!
Ihn, der des Weges Mühsal überwand, besingen wir.

Übersetzung: Friedrich von Bodenstedt

22 (6).

Ein Jeder hat sein Schicksal hier im Leben

An Omar-Effendi.

Ein Jeder hat sein Schicksal hier im Leben,
Wie's Allah ihm, der Einige, gegeben.
Erfüllt der Mensch, was ihm das Herz bewegt,
Tut er, was Allah ihm ins Herz gelegt.
Mir ward der Hang, durch alle Welt zu wandern,
Dass ich der Menschen Tun und Treiben lerne –
So zog' ich fort, von einem Land zum andern,
Und ließ die Heimat und die Meinen ferne.
Wohl oft fand ich, was Aug' und Herz ergötzte,
Doch nie, was meine Heimat mir ersetzte!
Ob trüb, ob heiter meines Schicksals Sterne,
Die Blicke schweiften heimwärts in die Ferne.
Bei dir, o Omar! nur, sah ich und hört' ich
Das Ferne nicht, und nur was gegenwärtig
Erfüllte mich: so freudebringend ward
In deinem Hause mir die Gegenwart!
Ich wiegte mich auf deiner Gärten Matten,
Ich ward gekühlt von deiner Bäume Schatten,
Zum Klang der Tschengjir schollen Lustgesänge,
Es harrte meines Winks der diener Menge;
Ich labte mich an deiner Weisheit Wort,
Du scheuchtest Sorgen, Gram und Zweifel fort;
Ich ward gesonnt von deiner Freundschaft Blick,
Omar, bei dir Nichts fehlte meinem Glück!
Gelobt sei Allah, dass er mir im Leben
Durch dich solch' schönen Augenblick gegeben!
Lob, Preis ihm, dass er dir mich ließ begegnen,
Und mög' er dich und alles Deine segnen!

Übersetzung: Friedrich von Bodenstedt

23 (7).

Welchen Wert, sprich, kann die Rose haben

Welchen Wert, sprich, kann die Rose haben,
Wenn im Garten keine Nachtigallen?
Welchen Wert, sprich, kann dein Haupthaar haben,
Wenn die Locken nicht vom Nacken wallen?
Mögst du noch so schönen Wuchses prangen,
Mög' auch Rosenröte deine Wangen,
Nachtigallensang den Mund durchzieh'n:
Welchen Werth, sprich, hat dein Leib, wenn ihn
Des Geliebten Arme nicht umfangen?
O, Fatima! stille mein Verlangen!

Übersetzung: Friedrich von Bodenstedt

24 (8).

Mirza-Schaffy! wie lieblich

Mirza-Schaffy! wie lieblich
Ist deiner Weisheitssprüche Klang!
Du machst das Lied zur Rede,
Du machst die Rede zu Gesang!

Übersetzung: Friedrich von Bodenstedt

25 (9).

Stets, Nechschebi! im Maß der Mitte bleibe

Stets, Nechschebi! im Maß der Mitte bleibe,
Sag' nicht zu wenig und sag' nicht zu viel –
Und was Du schreibst, nach dieser Weisung schreibe,
Der Mittelweg führt sicher Dich ans Ziel!

Übersetzung: Friedrich von Bodenstedt

26 (10).

Er rühmt sich hohen Besitzes

Er rühmt sich hohen Besitzes,
Und lässt seine Stimme ertönen
Als Fürst auf dem Throne des Witzes
Und Herrscher im Reiche des Schönen.

Übersetzung: Friedrich von Bodenstedt

27 (11).

Du sandtest deine Jünger aus

Du sandtest deine Jünger aus,
Und es geschah, wie du verheißen:
Berühmt ist Tiflis durch dein Lied
Vom Kyros bis zum Rhein geworden!

Übersetzung: Friedrich von Bodenstedt

28 (12).

Du weißt, dass deine Blicke tödten

Du weißt, dass deine Blicke tödten,
Weil jeder scharf ist wie ein Pfeil –
Und meine machen dich erröten:
Wie finden wir nun Beide Heil?

O, magst du immerhin mich tödten,
Ich duld es gern, mein süßes Leben!
Und magst, so viel du willst, erröten:
Nur lass' mich deinen Schleier heben!

Übersetzung: Friedrich von Bodenstedt

29 (13).

Schon lang ist mein letztes Buch versetzt

Schon lang ist mein letztes Buch versetzt
In die Schenke für Wein gekommen,
Und es ist dadurch über die Schenke jetzt
Ein Heiligenschein gekommen!

Nun ist die Schenke zum Bethaus mir,
Zur Werkstatt und Wohnung geworden,
Und ich gehe nicht mehr hinaus, bis dass
Der Tod hereingekommen!

Übersetzung: Friedrich von Bodenstedt

30 (14).

Verscheuch den Gram durch Liebsgekose

Verscheuch den Gram durch Liebsgekose,
Durch deiner süßen Lieder Schall!
Nimm dir ein Beispiel an der Rose,
Ein Beispiel an der Nachtigall:

Die Rose auch, die farbenprächt'ge,
Kann nicht der Erde Schmutz entbehren;
Und Bülbül selbst, die liedesmächt'ge,
Muss sich von schlechten Würmern nähren!

Übersetzung: Friedrich von Bodenstedt

31 (15).

Mirza-Schaffy! wie groß war dein Verstand

Mirza-Schaffy! wie groß war dein Verstand,
Kaum fand er Platz in deinem Haupt!
Und doch: wie klein war jene weiße Hand,
Die Herz dir und Verstand geraubt!

Übersetzung: Friedrich von Bodenstedt

32 (16).

Wer ohne Weiber könnte sein

Wer ohne Weiber könnte sein,
Wär frei von vielen Beschwerden –
Wer ohne Weiber wollte sein,
Wär nicht viel Nutz auf Erden!

Übersetzung: Friedrich von Bodenstedt

33 (17).

Sich sehn, sich lieben, sich wählen

Sich sehn, sich lieben, sich wählen:
Was ist da viel zu erzählen?

Übersetzung: Friedrich von Bodenstedt

34 (18).

Drum traut' ich meinen Augen kaum

Drum traut' ich meinen Augen kaum
Im Angesicht der schönen Maid –
Mir ward die Wirklichkeit zum Traum,
Mir ward der Traum zur Wirklichkeit!

Übersetzung: Friedrich von Bodenstedt

Mirsa Schaffi
WASEH

Das dritte Buch

Im Buch „Die Lieder des Mirza-Schaffy“
veröffentlichte Werke

Zuleicha

35 (1).

Nicht mit Engeln im blauen Himmelszelt*

Nicht mit Engeln im blauen Himmelszelt,
Nicht mit Rosen auf duftigem Blumenfeld,
Selbst mit der ewigen Sonne Licht
Vergleich' ich Zuleicha, mein Mädchen, nicht!

Denn der Engel Busen ist liebeleer,
Unter Rosen drohen die Dornen her,
Und die Sonne verhüllt des Nachts ihr Licht:
Sie alle gleichen Zuleicha nicht!

Nichts finden, so weit das Weltall reicht,
Die Blicke, was meiner Zuleicha gleicht –
Schön, dornlos, voll ewigem Liebesschein,
Kann sie mit sich selbst nur verglichen sein!

Übersetzung: Friedrich von Bodenstedt

* In seiner Forschung *„Mirsa Schaffi oder Bodenschtedt?"* behauptet Aliashdar Sejidsade, dieses Gedicht sei ein *„Rubai"*. Da das Manuskript des Gedichtes nicht auffindbar ist (vielleicht wurde es später verloren), präsentieren wir in diesem Buch das Gedicht nur auf Basis der deutschen Version. Dieser Rubai wird vom Professor Chälil Yusifli in seinem Artikel „Mirsa Schaffi Waseh und sein Werk *„Kitabi-Türki"* zitiert: „Ist das die Rose? Nein, die Rose kann sich so nicht entfalten, / Ist das die Sonne? Nein, die Sonne kann nachts nicht strahlen./ Ich würde Engel sagen, doch ein Engel kann nicht lieben,/ Dann wer ist das, es ist unmöglich, sie zu vergleichen".

36 (2).

Sing' ich ein Lied, hüpft freudereich

Sing' ich ein Lied, hüpft freudereich
Das Herz der jungen Mädchen,
Denn Perlen sind die Worte gleich,
Gereiht auf seidnen Fädchen!

Und Düfte steigen auf daraus,
Von Houris' Hauch getränkte –
Gleichwie aus jenem Blumenstrauß,
Den mir Zuleicha schenkte.

Erstaunt nicht, dass des Sängers Mund
So Herrliches vollbringe,
Und dass die Weisheit hier den Bund
Mit Jugendtollheit schlinge!

Wisst ihr, wer mir die Weisheit gab?
Sie kam vom rechten Orte,
Ich las sie ihren Augen ab
Und hüllte sie in Worte!

Was Wunder, wenn so anmutvoll
Euch meine Lieder tönen,
Ist doch, was meinem Mund entquoll,
Ein Abglanz nur der Schönen!

Sie ist dem Becher Dshemschid* gleich,
Ein Quell der Offenbarung,
Der mir erschließt ein Zauberreich
Der Weisheit und Erfahrung.

Und sagt: erklingt nicht mein Gesang
Von wunderbaren Tönen?
Und ist nicht meines Liedes Gang
Leicht wie der Gang der Schönen?

Übersetzung: Friedrich von Bodenstedt

* Der Becher Dshem oder Dshemschid, auf dessen Grunde sich alle Geheimnisse der Erde offenbarten, hat seinen Namen von dem alten persischen König Dshem.

37 (3).

Mein Herz schmückt sich mit dir, wie sich

Mein Herz schmückt sich mit dir, wie sich
Der Himmel mit der Sonne schmückt –
Du gibst ihm Glanz, und ohne dich
Bleibt es in dunkle Nacht entrückt.

Gleichwie die Welt all ihre Pracht
Verhüllt, wenn Dunkel sie umfließt,
Und nur, wenn ihr die Sonne lacht,
Zeigt, was sie Schönes in sich schließt!

Übersetzung: Friedrich von Bodenstedt

38 (4).

Was ist der Wuchs der Pinie

Was ist der Wuchs der Pinie,
Das Auge der Gazelle,
Wohl gegen deinen schlanken Wuchs
und deines Auges Helle?
Was ist der Duft, den Schiras′ Flur uns
herhaucht mit den Winden,
Verglichen mit der Düfte Hauch, die
deinem Mund entschwinden?
Was sind die süßen Lieder all, die
uns Hafis gesungen,
Wohl gegen eines Wortes Ton, aus
deinem Mund entklungen?
Was ist der Rosen Blütenkelch, daran
Nachtigallen nippen,
Wohl gegen deinen Rosenmund und
deine Rosenlippen,
Was ist die Sonne, was der Mond, was
alle Himmelssterne?
Sie glühen, zittern nur für dich, lieb-
äugeln aus der Ferne!
Was bin ich selbst, was ist mein Herz,
was meines Liedes Töne?
Als Sklaven deiner Herrlichkeit, Lob-
singer deiner Schöne!

Übersetzung: Friedrich von Bodenstedt

39 (5).

Minnewerben

Der Dorn ist Zeichen der Verneinung,
Des Missgefallens und des Zornes,
Drum: widerstrebt sie der Vereinung,
Reicht sie das Zeichen mir des Dornes.

Doch wirft die Knospe einer Rose
Die Jungfrau mir als Zeichen hin,
So heißt das: Günstig stehn die Lose,
Nur harre noch mit treuem Sinn!

Doch beut den Kelch der Rose offen
Die Jungfrau mir als Zeichen dar,
So ist erfüllt mein kühnstes Hoffen,
So ist die Liebe offenbar.

In hoffendem, in treuem Sinn
Nah' ich der Liebe Heiligtume
Und werfe dieses Lied dir hin,
Dies duft'ge Lied als Frageblume.

Nimm es in Freude oder Zorn hin,
Gib Tod dem Herzen oder Nahrung,
Wirf Knospe, Rose oder Dorn hin:
Ich harre deiner Offenbarung!

Übersetzung: Friedrich von Bodenstedt

40 (6).

Seh' ich deine zarten Füßchen an

Seh' ich deine zarten Füßchen an,
So begreif' ich nicht, du süßes Mädchen,
Wie sie so viel Schönheit tragen können!

Seh' ich deine kleinen Händchen an,
So begreif' ich nicht, du süßes Mädchen,
Wie sie solche Wunden schlagen können!

Seh' ich deine rosigen Lippen an,
So begreif' ich nicht, du süßes Mädchen,
Wie sie einen Kuss versagen können!

Seh' ich deine klugen Augen an,
So begreif' ich nicht, du süßes Mädchen,
Wie sie nach mehr Liebe fragen können!

Als ich fühle. – Sieh mich gnädig an!
Wärmer als mein Herz, du süßes Mädchen,
Wird kein Menschenherz dir schlagen können!

Hör' dies wonnevolle Liedchen an!
Schöner als mein Mund, du süßes Mädchen,
Wird kein Mund dir Liebe klagen können!

Übersetzung: Friedrich von Bodenstedt

41 (7).

Hochauf fliegt mein Herz, seit es sein Glück aus deines

Hochauf fliegt mein Herz, seit es sein Glück aus deines
Glücks Offenbarung zieht –
Und immer kehrt's wieder, wohin es der Liebe
Süße Erfahrung zieht –
Dem Springquell ähnlich, der himmelauf in
Toller Gebarung zieht,
Und doch immer zurückkehrt, von wo er gekommen ist
Und seine Nahrung zieht.

Übersetzung: Friedrich von Bodenstedt

42 (8).

Wenn dermaleinst des Paradieses Pforten

Wenn dermaleinst des Paradieses Pforten
Den Frommen zur Belohnung offen stehn
Und buntgeschart die Menschen aller Orten
Davor in Zweifel, Angst und Hoffen stehn,

Werd' ich allein von allen Sündern dorten
Von Angst und Zweifel nicht betroffen stehn,
Da lange schon auf Erden mir die Pforten
Des Paradieses durch dich offen stehn.

Übersetzung: Friedrich von Bodenstedt

43 (9).

Kind, was tust du so erschrocken

Kind, was tust du so erschrocken,
Was hebt schüchtern sich dein Fuß!
Fass' ich tändelnd deine Locken,
Naht mein Mund sich dir zum Kuss –
Was ich biete, was ich suche,
Lass dich's, Mädchen, nicht betrüben:
Denn so steht's im Schicksalsbuche
Mir urzeitlich vorgeschrieben!

Ja, voll hohem Glauben bin ich,
Glaub' an Allah und Koran!
Glaube, dass ich dich herzinnig
Lieben muss und lieben kann!
Andern ward ihr Los zum Fluche,
Mir zum Segen und zum Lieben:
Denn so steht's im Schicksalsbuche
Mir urzeitlich vorgeschrieben!

Beut die Liebe dir Bedrängnis?
Scheuche lächelnd Angst und Pein,
Denn erfüllt muss das Verhängnis
Meines stolzen Herzens sein!
Ob ich sinne, ob ich suche,
Keine andre kann ich lieben:
Denn so steht's im Schicksalsbuche
Mir urzeitlich vorgeschrieben!

Hoffst du einst dort auf Belohnung
Nach vollbrachter Erdenbahn,
Nimm dich selbst auch hier voll Schonung
Meines armen Herzens an!
Keines andern Minne suche,
Füge, zwing dich, mich zu lieben!
Denn so steht's im Schicksalsbuche
Mir urzeitlich vorgeschrieben!

Nimm dies duft'ge Lied und lies es,
Lausche seinem Zauberton –
Es verheißt des Paradieses
Seligkeit auf Erden schon!
Andres Glück dort oben suche,
Doch hienieden lass uns lieben:
Denn so steht's im Schicksalsbuche
Uns urzeitlich vorgeschrieben!

Wie vom Hauch des Morgenwindes
Sich der Kelch der Rose regt,
Sei das Herz des lieben Kindes
Von des Liedes Hauch bewegt!
Sie gewährte, was ich suche,
Was mich toll zu ihr getrieben:
Denn so steht's im Schicksalsbuche
Ihr urzeitlich vorgeschrieben!

Übersetzung: Friedrich von Bodenstedt

44 (10).

Es hat die Rose sich beklagt

Es hat die Rose sich beklagt,
Dass gar zu schnell der Duft vergehe,
Den ihr der Lenz gegeben habe –

Da hab' ich ihr zum Trost gesagt,
Dass er durch meine Lieder wehe
Und dort ein ewiges Leben habe.

Übersetzung: Friedrich von Bodenstedt

45 (11).

Wohl weiß ich einen Kranz zu winden

Wohl weiß ich einen Kranz zu winden
Aus Blumen, die ich selbst gepflückt –
Wohl auch das rechte Wort zu finden,
Ob ich betrübt bin, ob beglückt.

Solang' ich meiner Sinne Meister,
Solang' ich weiß, was mir gefällt,
Gehorchen dienstbar mir die Geister
Der Blumen- und der Feenwelt.

Doch in der heil'gen Glut des Kusses,
Im Wunderleuchten des Geschicks,
Im Augenblick des Vollgenusses,
Im Vollgenuß des Augenblicks:

Da fehlen mir zum Lied die Töne,
Gleichwie der Nachtigall der Schlag,
Weil wohl der Mensch das höchste Schöne
Genießen, doch nicht singen mag.

Wer kann die helle Sonne malen
In höchster Glut, im Mittagslicht?
Wer nur sie sehn mit ihren Strahlen
Von Angesicht zu Angesicht?

Übersetzung: Friedrich von Bodenstedt

46 (12).

Die helle Sonne leuchtet

Die helle Sonne leuchtet
Aufs weite Meer hernieder,
Und alle Wellen zittern
Von ihrem Glanze wider.

Du spiegelst dich, wie die Sonne,
Im Meere meiner Lieder!
Sie alle glühn und zittern
Von deinem Glanze wider!

Übersetzung: Friedrich von Bodenstedt

47 (13).

Ich fühle deinen Odem

Ich fühle deinen Odem
Mich überall umwehn –
Wohin die Augen schweifen,
Wähn' ich dein Bild zu sehn!

Im Meere meiner Gedanken
Kannst du nur untergehn,
Um, wie die Sonne, morgens,
Schön wieder aufzustehn!

Übersetzung: Friedrich von Bodenstedt

48 (14).

Wenn der Frühling auf die Berge steigt

Wenn der Frühling auf die Berge steigt
Und im Sonnenstrahl der Schnee zerfließt,
Wenn das erste Grün am Baum sich zeigt
Und im Gras das erste Blümlein sprießt –
Wenn vorbei im Tal
Nun mit einemmal
Alle Regenzeit und Winterqual,
Schallt es von den Höhn
Bis zum Tale weit:
O, wie wunderschön
Ist die Frühlingszeit!

Wenn am Gletscher heiß die Sonne leckt,
Wenn die Quelle von den Bergen springt,
Alles rings mit jungem Grün sich deckt
Und das Lustgetön der Wälder klingt –
Lüfte lind und lau
Würzt die grüne Au
Und der Himmel lacht so rein und blau,
Schallt es von den Höhn
Bis zum Tale weit:
O, wie wunderschön
Ist die Frühlingszeit!

War's nicht auch zur jungen Frühlingszeit,
Als dein Herz sich meinem Herz erschloss?
Als von dir, du wundersüße Maid,
Ich den ersten langen Kuss genoss!

Durch den Hain erklang
Heller Lustgesang,
Und die Quelle von den Bergen sprang –
Scholl es von den Höhn
Bis zum Tale weit:
O, wie wunderschön
Ist die Frühlingszeit!

Übersetzung: Friedrich von Bodenstedt

49 (15).

Ich Glücklichster der Glücklichen! Derweil

Ich Glücklichster der Glücklichen! Derweil
Die Welt sich um sich selbst in Dummheit dreht
Und jeglicher auf seine Art dem Heil,
Das offenbar liegt, aus dem Wege geht;
Derweil der Mönch den eignen Leib kasteit
Und wähnt, dass ihn der Himmel einst entschädigt
Für die auf Erden wundgeriebnen Knie -
Derweil der Pfaff vom Jenseits prophezeit,
In frommer Wut den Leuten Dinge predigt,
Von denen er so wenig weiß wie sie:
Knie ich zu meines Mädchens Füßen nieder
Und schreibe meine wonnevollen Lieder
Aus ihren Augen ab. Es perlt der Wein
Zuneben mir im funkelnden Pokale;
Ich schlürfe ihn in vollen Zügen ein
Und denk': es ist in diesem Erdentale
Bei Lieb' und Wein ein paradiesisch Sein!

Übersetzung: Friedrich von Bodenstedt

Lieder der Klage

50 (16).

Im Garten klagt die Nachtigall

Im Garten klagt die Nachtigall
Und hängt das feine Köpfchen nieder:
Was hilft's, dass ich so schöne Lieder
Und wundersüße Töne habe –
Solange ich mein grau Geflieder
Und nicht der Rose Schöne habe!

Im Blumenbeet die Rose klagt:
Wie soll das Leben mir gefallen?
Was hilft's, dass vor den Blumen allen
Ich Anmut, Duft und Schöne habe –
Solang' ich nicht der Nachtigallen
Gesang und süße Töne habe!

Mirza-Schaffy entschied den Streit.
Er sprach: Lasst euer Klagen beide,
Du Rose mit dem duft'gen Kieide,
Du Nachtigall mit deinen Liedern:
Vereint, zur Lust und Ohrenweide
Der Menschen, euch in meinen Liedern!

Übersetzung: Friedrich von Bodenstedt

51 (17).

Wieder ist der Frühling ins Land gekommen

Wieder ist der Frühling ins Land gekommen,
Ist in blumigem, buntem Gewand gekommen.

Sonst als einem Freunde bin ich ihm entgegen
Mit einem vollen Becher in der Hand gekommen.

Jetzt meid' ich ihn, denn unter seinen Blumen
Bin ich an der Verzweiflung Rand gekommen.

Bin um Zuleicha und mit der Geliebten
Um Freude, Glück und Verstand gekommen.

Übersetzung: Friedrich von Bodenstedt

52 (18).

Es ist ein Wahn zu glauben, dass

Es ist ein Wahn zu glauben, dass
Unglück den Menschen besser macht.
Es hat dies ganz den Sinn, als ob
Der Rost ein scharfes Messer macht,
Der Schmutz die Reinlichkeit befördert,
Der Schlamm ein klares Gewässer macht!

Übersetzung: Friedrich von Bodenstedt

53 (19).

Wie auf dem Feld nur die Frucht gedeiht

Wie auf dem Feld nur die Frucht gedeiht,
Wenn sie Sonne und Regen hat,
Also die Taten des Menschen nur,
Wenn er Glück und Segen hat!

Übersetzung: Friedrich von Bodenstedt

54 (20).

Wohl mag es im Leben

Wohl mag es im Leben
Der Fälle geben,
Dass Unglück die Seele läutert,
Wie Erfahrung den Blick erweitert.
Es gibt auch Fälle, wo der Arzt
Zur Heilung Gift verschrieben hat
Und Gift das Übel übertrieben hat –
Doch wär' es nicht Übereilung,
Aus solchem Fall die Erfahrung zu nehmen:
Zu jeglichen Übels Heilung
Sei es nötig, Gift zur Nahrung zu nehmen?

Übersetzung: Friedrich von Bodenstedt

55 (21).

Nicht immer am besten erfahren ist

Nicht immer am besten erfahren ist,
Wer am ältesten an Jahren ist –
Und wer am meisten gelitten hat,
Nicht immer die besten Sitten hat!

Übersetzung: Friedrich von Bodenstedt

56 (22).

Mirza-Schaffy! Du müsstest blind sein

Mirza-Schaffy! Du müsstest blind sein,
Von Herzen ein Greis, von Glauben ein Kind sein,
Wolltest du dich in deinem Tun und Dichten
Nach Glauben und Satzung der Toren richten!

Übersetzung: Friedrich von Bodenstedt

57 (23).

Ein schlimm'res Unglück als der Tod

Ein schlimm'res Unglück als der Tod
Der liebsten Menschen – ist die Not!
Sie lässt nicht sterben und nicht leben,
Sie streift des Lebens Blüte ab,
Streit, was uns Lieblichstes gegeben,
Vom Herzen und Gemüte ab,
Den Stolz des Weisesten selbst beugt sie,
Dass er der Dummheit dienstbar werde –
Der Sorgen bitterste erzeugt sie,
Denn man muss leben auf der Erde.

Not ist das Grab der Poesie,
Und macht uns Menschen dienstbar, die
Man lieber stolz zerdrücken möchte,
Als sich vor ihnen bücken möchte.
Doch darfst du darum nicht verzagen.
Bis dir das Herz zusammenbricht:
Das Unglück kann die Weisheit nicht –
Doch Weisheit kann das Unglück tragen.

Verscheuch' den Gram durch Liebsgekose,
Durch deiner süßen Lieder Schall!
Nimm dir ein Beispiel an der Rose,
Ein Beispiel an der Nachtigall:
Die Rose auch, die farbenprächtige,
Kann nicht der Erde Schmutz entbehren –
Die Nachtigall, die liedesmächtige,
Muss sich von schlechten Würmern nähren!

Übersetzung: Friedrich von Bodenstedt

58 (24).

Es hat einmal ein Tor gesagt

Es hat einmal ein Tor gesagt,
Dass der Mensch zum Leiden geboren worden;
Seitdem ist dies, – Gott sei's geklagt –
Der Spruch aller gläubigen Toren worden.

Und weil die Menge aus Toren besteht,
Ist die Lust im Lande verschworen worden,
Es ist der Blick des Volkes kurz,
Und lang sind seine Ohren worden.

Übersetzung: Friedrich von Bodenstedt

59 (25).

Die schlimmsten Schmerzen sind auf Erden

Die schlimmsten Schmerzen sind auf Erden,
Die ausgeweint und ausgeschwiegen werden.

Übersetzung: Friedrich von Bodenstedt

60 (26).

Der Quell, der hoch vom Berge springt

Der Quell, der hoch vom Berge springt,
Bahnt leicht sich seinen lauf;
Den Quell, der aus der Tiefe dringt,
Hält manches Hemmnis auf.

Der eine strahlt in lichter Pracht,
Sein Lauf ist ein Triumpf;
Des andern hat kein Auge Acht,
Er endigt oft im Sumpf.

Und ob auch ganz die gleiche Kraft
In beiden webt und wirkt:
Wie anders, was die freie schafft,
Als die zu eng bezirkt!

Übersetzung: Friedrich von Bodenstedt

61 (27).

Es weht der Gottesodem

Es weht der Gottesodem
Durch Himmel, Erd' und Flut;
Haucht aus der Tiefe Brodem
Und aus der Höhe Glut.

Lässt Adler hoch sich schwingen,
Gespreizte Pfaun sich blähn;
Lässt Nachtigallen singen
Und Glaubenshähne krähn.

Schafft Kräfte der Entzweiung
Lässt Torheit herrschen lang, –
Doch gibt auch zur Befreiung
Der Weisheit Kraft und Drang.

Der Frühling heilt die Schäden,
Die uns der Winter schlug;
Weisheit spinnt goldne Fäden
Aus Torenwahn und Trug.

Du forsche nicht vergebens
Nach dieser Schöpfung Sinn:
Zieh aus dem Schmerz des Lebens
Auch deinen Glücksgewinn.

Übersetzung: Friedrich von Bodenstedt

62 (28).

Mirza-Schaffy! Nun werde vernünftig

Mirza-Schaffy! Nun werde vernünftig.
Lass deines Wesens Unstätigkeit –
Zu ernsterem Geschäfte künftig
Verwende deine Tätigkeit!

Sieh Mirza Hadschi-Aghassi* an,
Was das ein Herr geworden ist!
War früher ein ganz gemeiner Mann,
Wie er jetzt behangen mit Orden ist!

Drum widme deine Kräfte dem Staate,
Für den sie sonst verloren sind,
Weil meist die größten Herren im Rate
Zugleich die größten Toren sind.

Ich sprach: Viel andre werden schon
Geschickt zu solchem Platz sein,
Doch schwerer dürfte für meine Person
Ein passender Ersatz sein.

Darum: Zeigst du mir einen Mann,
Der jetzt im Rate Stimm' und Sitz hat,
Und solche Lieder singen kann
Wie ich, und meinen Geist und Witz hat:

---

* Großwezir des ehemaligen Schahs Mohammed (1830er Jahre), der nach Fatali Schah an die Macht kam. Hadschi-Aghassi war einer der brutalsten und despotischsten Staatsmänner in der Geschichte des Irans. Der russische Reisende Beresin nannte ihn „den iranischen Richelieu".

So lasse ich meine Unstätigkeit,
Lasse Trinken, Singen und Dichtung,
Und gebe meiner Tätigkeit
Sofort eine andere Richtung.

Übersetzung: Friedrich von Bodenstedt

Lieder Zum Lobe des Weines und irdischer Glückseligkeit

63 (29).

Aus dem Feuerquell des Weines

Aus dem Feuerquell des Weines,
Aus dem Zaubergrund des Bechers
Sprudelt Gift und – süße Labung,
Sprudelt Schönes und – Gemeines:
Nach dem eignen Wert des Zechers,
Nach des Trinkenden Begabung!

In Gemeinheit tief versunken
Liegt der Tor, vom Rausch bemeistert;
Wenn er trinkt – wird er betrunken,
Trinken wir – sind wir begeistert!
Sprühen hohe Witzesfunken,
Reden wie mit Engelzungen,
Und von Glut sind wir durchdrungen,
Und von Schönheit sind wir trunken!

Denn es gleicht der Wein dem Regen,
Der im Schmutze selbst zu Schmutz wird,
Doch auf gutem Acker Segen
Bringt und jedermann zunutz wird!

Übersetzung: Friedrich von Bodenstedt

64 (30).

Mein Lehrer ist Hafis, mein Bethaus ist die Schenke

Mein Lehrer ist Hafis, mein Bethaus ist die Schenke,
Ich liebe gute Menschen und stärkende Getränke;
Drum bin ich wohlgelitten in den Kreisen
Der Zecher, und sie nenne mich den Weisen,
Komm ich – da kommt der Weise! sagen sie;
Geh ich – schon geht der Weise! klagen sie;
Fehl ich – wo steckt der Weise? fragen sie!
Bleib ich – in lust'ger Weise schlagen sie
Laut Glas an Glas. Drum bitt' ich Gott den Herrn,
Dass er stets Herz und Fuß die rechten Pfade lenke,
Weit ab von der Moschee und allen Bonzen fern
Mein Herz zur Liebe führe und meinen Fuß zur Schenke;
Dass ich dem Wahn der Menschen und ihrer Dummheit ferne
Das Rätsel meines Daseins im Becher Weins ergründe,
Am Wuchse des Geliebten das All umsassen lerne,
An ihrer Augen Glut zur Andacht mich entzünde.
O, wonniges Empfinden! O, Andacht ohne Namen!
Wenn Kolchis' Feuerwein mir Mark und Blut durchdrungen,
Ich die Geliebte halte und sie hält mich umschlungen
Beseligt und beseligend – so möcht' ich sterben! Amen.

Übersetzung: Friedrich von Bodenstedt

65 (31).

Die Weise guter Zecher ist

Die Weise guter Zecher ist
In früh und später Stunde,
Dass alter Wein im Becher ist
Und neuer Witz im Munde –
Denn wo man eins davon entbehrt,
Da ist das andre auch nichts wert –
Das eine steht zum andern.

Je mehr wir uns vertieft im Wein,
Je höher steigt der Geist uns –
Der Bart der Weisheit trieft von Wein,
Die ganze Welt umkreist uns
Versunken ganz in Trunkenheit,
Und trunken in Versunkenheit,
In Wein, Gesang und Liebe!

Die Weisen beim Pokale stehn
Hoch über der Gemeinheit,
Wie Berge überm Tale stehn
In himmelhoher Reinheit –
Die Berge färbt des Himmels Licht,
Uns widerstrahlt das Angesicht
Im Glanz der vollen Becher!

Sagt, was die Welt zum Tausch uns gibt
Für unser lustig Leben!

Die Wonne, die ein Rausch uns gibt,
Wer mag uns Bess're geben?
Nur eins kenn' ich, das schöner ist:
Wenn du, Hafisa, bei mir bist,
Mit Küssen und mit Scherzen!

Und weil so kurz das Leben ist,
Muss stets der Weisen Ziel sein:
Des Glücks, das uns gegeben ist,
Kann nimmermehr zuviel sein!
Drum Kind, lass alle Skrupel sein,
Und steig herab in unsre Reihn
Wie ins Gebirg' der Sonne!

Übersetzung: Friedrich von Bodenstedt

66 (32).

Jenem Tage zum Gedächtnis

Jenem Tage zum Gedächtnis
Sei ein langer Trunk gemacht,
Wo vom Bethaus in die Schenke
Ich den ersten Sprung gemacht!

War verdummt in blinder Demut,
War gealtert wie ein Greis –
Aber Wein, Gesang und Liebe
Hat mich wieder jung gemacht!

Trink, Mirza-Schaffy, berausche
Dich in Liebe, Sang und Wein!
Nur im Rausch sind deine Lieder
So voll Glut und Schwung gemacht!

Übersetzung: Friedrich von Bodenstedt

67 (33).

Wie die Nachtigallen an den Rosen nippen

Wie die Nachtigallen an den Rosen nippen,
– Sie sind klug und wissen, dass es gut ist! –

Netzen wir am Weine unsre Lippen,
– Wir sind klug und wissen, dass es gut ist! –

Wie die Meereswellen an den Felsenklippen,
– Wenn das sturmbewegte Meer in Wut ist –

Breche schäumend sich der Wein an unsern Lippen,
– Wir sind klug und wissen, dass es gut ist! –

Wie ein Geisterkönig, ohne Fleisch und Rippen,
– Weil sein Wesen eitel Duft und Glut ist, –

Zieh' er siegreich ein durchs Rosentor der Lippen,
– Wir sind klug und wissen, dass es gut ist!

Übersetzung: Friedrich von Bodenstedt

68 (34).

Wo man fröhlich in traulicher Runde ist

Wo man fröhlich in traulicher Runde ist,
Ohne zu achten ob's früh oder spät an der Stunde ist,
Wo der Becher von Wein überfließt, und die Lippe von Witz,
Und ein rosiges Kind mit den Zechern im Bunde ist:
Gerne dort weilst du, o Mirza-Schaffy! Wo die Weisheit
Hinter den Ohren nicht feucht, und nicht trocken im Munde ist.

Übersetzung: Friedrich von Bodenstedt

69 (35).

Woran erkennest du die schönsten Blumen

Woran erkennest du die schönsten Blumen?
An ihrer Blüte!
Woran erkennest du die besten Weine?
An ihrer Güte!
Woran erkennest du die besten Menschen?
An dem Gemüte!
Woran erkennest du den Scheich und Mufti?
An der Kapuze!
Die Antwort, Freunde, ist richtig, – geh und mache sie dir zunutze!

Übersetzung: Friedrich von Bodenstedt

70 (36).

Im Winter trink ich und singe Lieder

Im Winter trink ich und singe Lieder
Aus Freude, dass der Frühling nah ist –
Und kommt der Frühling, trink ich wieder
Aus Freude, dass er endlich da ist.

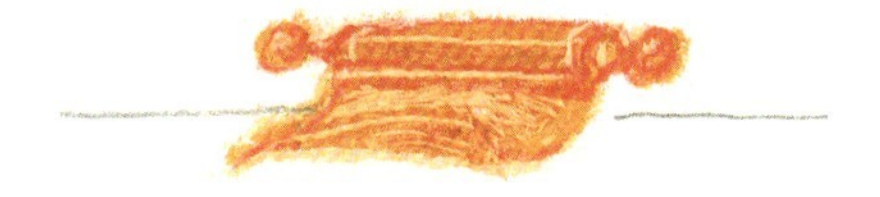

Übersetzung: Friedrich von Bodenstedt

71 (37).

Verbittre dir das junge Leben nicht

Verbittre dir das junge Leben nicht,
Verschmähe, was dir Gott gegeben, nicht!

Verschließ dein Herz der Liebe Offenbarung
Und deinen Mund dem Trank der Reben nicht!

Sieh, schönern Doppellohn, als Wein und Liebe,
Beut dir die Erde für dein Streben nicht!

Drum ehre sie als deine Erdengötter,
Und andern huldige daneben nicht!

Die Toren, die bis zu dem Jenseits schmachten,
Sie lassen leben, doch sie leben nicht!

Der Mufti mag mit Höll' und Teufel drohen,
Die Weisen hören das und beben nicht!

Der Mufti glaubt, er wisse alles besser,
Mirza-Schaffy glaubt das nun eben nicht!

Übersetzung: Friedrich von Bodenstedt

72 (38).

O selig, wem von Urbeginn

O selig, wem von Urbeginn
Im Schicksalsbuch geschrieben ist,
Dass er bestimmt zu leichtern Sinn,
Zum Trinken und zum Leben ist!

Der Zorn des Bonzen stört ihn nicht,
Moscheenduft betört ihn nicht,
Ob er allein – beim Becher Wein,
Ob er beim Lieb geblieben ist!

Solch Los ist dein, Mirza-Schaffy!
Genieß es ganz und klage nie!
Denk beim Pokal – dass stets die Zahl
Der Wochentage sieben ist!

Am ersten Tag beginnt der Lauf
Und erst am letzten hört er auf –
Wie's kommt, so geht's – bedenke stets
Dass Glück nicht aufzuschieben ist!

Ein leichter Sinn, ein frohes Lied
Ist alles, was dir Gott beschied;
Drum lass den Wahn – verfolg die Bahn,
Auf die dein Fuß getrieben ist!

Übersetzung: Friedrich von Bodenstedt

73 (39).

Euch missfällt mein Dichten, weil ich

Euch missfällt mein Dichten, weil ich
Immer nur das eine singe?
Nur von Rosen, Lenz und Liebe,
Nachtigall und Weine singe?

Was ist schöner: dass der Sänger
Irrlicht, Nacht und Lampe preist –
Oder dass er von der einen
Sonne ew'gem Scheine singe?

Und wie eine Sonne gieß' ich
Meine Liederstrahlen aus,
Weil ich immer nur das Schöne,
Niemals das Gemeine singe.

Mögen andre Lieder rühmen
Kampf, Moschee und Fürstenglanz –
Nur von Rosen, Wein und Liebe
Sollen immer meine singen!

O, Mirza-Schaffy! Wie lieblich
Duftet's aus den Versen her!
Denn so schön wie deine Lieder
Kann ein andrer keine singen!

Übersetzung: Friedrich von Bodenstedt

74 (40).

Trinkt Wein! Das ist mein alter Spruch

Trinkt Wein! Das ist mein alter Spruch
Und wird auch stets mein neuer sein,
Kauft euch der Flasche Weisheitsbuch,
Und sollt' es noch so teuer sein!

Als Gott der Herr die Welt erschuf,
Sprach er: Der Mensch sei König hier!
Es soll des Menschen Haupt voll Witz,
Es soll sein Trank voll Feuer sein!

Dies ist der Grund, dass Adam bald
Vom Paradies vertrieben ward;
Er floh den Wein, drum konnt' es ihm
Im Eden nicht geheuer sein!

Die ganze Menschheit ward vertilgt,
Nur Noah blieb mit seinem Haus,
Der Herr sprach: Weil du Wein gebaut,
Sollst du mein Knecht, mein treuer sein.

Die Wassertrinker seien jetzt
Ersäuft im Wasser allzumal,
Nur du, mein Knecht, sollst aufbewahrt
In hölzernem Gemäuer sein!

Mirza-Schaffy! Dir ward die Wahl
In diesem Falle nicht zur Qual;
Du hast den Wein erkürt, willst nie
Ein Wasserungeheuer sein!

Übersetzung: Friedrich von Bodenstedt

75 (41).

Wir saßen noch spät beisammen

Wir saßen noch spät beisammen,
Der alte Wirt und ich;
Des Weines heilige Flammen
Ergossen sich über mich;
Die reine Glut der Jugend
Mir wiederzugeben schien er –
Nie fühlt ich je die Tugend
Des roten Kachetiner.
Ich konnt' im süßen Drang
Nur immer schlürfen und nippen,
Es wurden zu Gesang
Die Worte meiner Lippen;
Wie Adam vor dem Falle,
So schwamm ich in Entzücken,
Und wünschte, ich könnte alle
Auf Erden mitbeglücken.

Sprach ich zum Wirt: Ich wollte,
Ich könnte in Wein zerfließen!
Mein flüssiger Körper sollte
Ins Weltmeer sich ergießen!
Und sollt' es mit Weisheit würzen,
Dann sollte ins Meer zu den Fischen
Die ganze Welt sich stürzen:
Die Schulen und Moscheen,
Die Heiligen, die Wunder,

Die alle darin zu sehn,
Der ganze alte Plunder,
Der sollte untergehn!

Ich wollte alles auf Erden
Befreien aus seiner Haft,
Es sollte zu Wasser werden
Die ganze Wissenschaft –
Sie sollte untergehen,
Und wieder auferstehen
Zn neuer Glut und Kraft!

O lass, Mirza-Schaffy!
– So sprach der alte Weinwirt –
Lass deine Phantasie,
Und bis dein Leib zu Wein wird,
Bis deine Glieder zerfließen,
Zu würzen des Weltmeers Flut:
Lass sich in dich ergießen
Des Weines heilige Glut!
Lass alle frommen Toren
In Nüchternheit versinken;
Kein Tropfen geht verloren
Von dem, was Weise trinken!

Übersetzung: Friedrich von Bodenstedt

76 (42).

Wähne niemand sich den Weisen

Wähne niemand sich den Weisen
Im Genuss des Weins vergleichbar;
Denn was wir im Trunke preisen,
Bleibt den Toren unerreichbar!

Durch den Wein zum Blumenbeet
Wird die Phantasie verwandelt,
Drin der Odem Gottes weht,
Drin der Geist der Schönheit wandelt.

Blumen blühen uns zu Füßen,
Uns zu Häupten glühen Sterne –
Jene aus der Nähe grüßen,
Diese grüßen aus der Ferne!

Welch ein liebliches Gewimmel!
Freude blüht auf jedem Schritt mir –
Und den ganzen Sternenhimmel,
Samt den Blumen, trag' ich mit mir!

Übersetzung: Friedrich von Bodenstedt

77 (43).

Trink nie gedankenlos

Trink nie gedankenlos,
Und nie gefühllos trinke –
Mach' dich nicht allzu groß,
Und nie zu tief versinke,
Wenn vor dir, goldnen Scheines,
Ein voller Humpen blinkt:
Der ist nicht wert des Weines,
Der ihn wie Wasser trinkt!

Es liegt im Wein die Kraft
Des Schaffens, der Zerstörung;
Zur Quelle wird sein Saft
Der Weisheit wie Betörung –
Doch, ob er diesem Reines
Und jenem Trübes bringt,
Der ist nicht wert des Weines,
Der ihn wie Wasser trinkt!

Übersetzung: Friedrich von Bodenstedt

78 (44).

Wenn Mirza-Schaffy den Becher erhebt

Wenn Mirza-Schaffy den Becher erhebt,
Einen Witz im Munde;
Wie sich freudig das Herz der Zecher erhebt
In der jauchzenden Runde!
Sie fühlen es, dass für die Tollheit der Welt
Sich zu jeglicher Stunde
Aus dem Geiste des Weines ein Rächer erhebt,
Mit der Weisheit im Bunde!

Übersetzung: Friedrich von Bodenstedt

Lieder und Sprüche der Weisheit

79 (45).

Komm, Jünger, her! Ich will dich Weisheit lehren

Komm, Jünger, her! Ich will dich Weisheit lehren,
Du sollst des Daseins Wert erkennen lernen.
Du sollst zum echten Glauben dich bekehren,
Das Wahre von dem Falschen trennen lernen:

Die Lehre, wie des Wahns, der Torheit Klippen
Klug zu umgehn, soll dir im Liede werden –
Wohlredenheit und Anmut deinen Lippen,
Und deinem Herzen Glück und Friede werden!

Fort aus der alten Satzung dumpfen Räumen
Will ich den Fuß zu besserm Streben führen –
Bei Wein und Liebe, unter Rosenbäumen
Sollst du ein neues, schönres Leben führen!

Und wenn du übst, was meine Lieder predigen,
So sollst du's offen, frohen Mutes üben: –
Der Heuchelei, des Truges dich entledigen
Und im geheimen nichts als Gutes üben!

Kein Schwert hab' ich, die Toren zu bekehren;
Wer Weisheit übt, legt andern keinen Zwang auf;
Mein Joch ist leicht, der Kern von meinen Lehren
Löst sich in Wein, in Liebe und Gesang auf.

Unendlich ist der Schönheit Zauberkreis,
Unendlich sehnsuchtsvollen Dranges bleiben
Die Menschenherzen – doch wird stets der Preis
Den Zaubertönen des Gesanges bleiben!

Übersetzung: Friedrich von Bodenstedt

80 (46).

Es sucht der echte Weise

Es sucht der echte Weise,
Dass er das Rechte finde:
Jung wird er nicht zum Greise,
Alt wird er nicht zum Kinde!

Der Winter treibt keine Blüte,
Der Sommer treibt kein Eis –
Was früh dein Herz durchglühte,
Das ziemt dir nicht als Greis!

Jung sich enthaltsam preisen,
Alt toll von Sinnen sein,
Wird nie des wahren Weisen
Rat und Beginnen sein!

Übersetzung: Friedrich von Bodenstedt

81 (47).

Höre, was der Volksmund spricht

Höre, was der Volksmund spricht:
Wer die Wahrheit liebt, der muss
Schon sein Pferd am Zügel haben –

Wer die Wahrheit denkt, der muss
Schon den Fuß im Bügel haben –

Wer die Wahrheit spricht, der muss
Statt der Arme Flügel haben!

Und doch singt Mirza-Schaffy:
Wer da lügt, muss Prügel haben.

Übersetzung: Friedrich von Bodenstedt

82 (48).

Mag bei dem Reden der Wahrheit auch große Gefahr sein

Mag bei dem Reden der Wahrheit auch große Gefahr sein,
Immer doch, Mirza-Schaffy, musst du ehrlich und wahr sein –
Darfst nicht zum Irrlichte werden im Sumpfe der Lüge,
Denn alles Schöne ist wahr, und des Schönen kannst du nie bar sein!

Doch zu jeglicher Strafe und Unbill kluger Vermeidung
Hüll' deine Weisheit in blumiger Worte Verkleidung:
Gleichwie die Traube mit köstlichem Tranke gefüllt ist
Und doch von Laube und grünem Geranke umhüllt ist.

Übersetzung: Friedrich von Bodenstedt

83 (49).

Soll ich lachen, soll ich klagen

Soll ich lachen, soll ich klagen,
Dass die Menschen meist so dumm sind,
Stets nur Fremdes wieder sagen
Und in Selbstgedachtem stumm sind!

Nein, den Schöpfer will ich preisen,
Dass die Welt so voll von Toren,
Denn sonst ginge ja der Weisen
Klugheit unbemerkt verloren!

Übersetzung: Friedrich von Bodenstedt

84 (50).

Ein Schriftgelehrter kam zu mir und sprach

Ein Schriftgelehrter kam zu mir und sprach:
„Mirza-Schaffy, was denkst du von dem Schach?
Ist ihm die Weisheit wirklich angeboren,
Und ist sein Blick so groß wie seine Ohren?"

– Er ist so weise, wie sie alle sind,
Die Träger des Talars und der Kapuze;
Er weiß, wie ehrfurchtsdumm das Volk und blind,
Und diese Dummheit macht er sich zunutze! –

Übersetzung: Friedrich von Bodenstedt

85 (51).

Die Distel sprach zur Rose

Die Distel sprach zur Rose:
Was bist du nicht ein Distelstrauch?
Dann wärst du doch was nütze,
Dann fräßen dich die Esel auch!

Zur Nachtigall die Gans sprach:
Was bist du nicht ein nützlich Tier?
Das, Blut und Leben opfernd,
Zum Wohl der Menschen stirbt, wie wir?

Zum Dichter der Philister
Sprach: Was nützt dein Gesang dem Staat?
Zur Arbeit rühr' die Hände,
Folg' der Philister Tun und Rat!

Philister, Gans und Distel,
Behaltet euren klugen Rat!
Ein jeder von euch treibe
Und tue, was er immer tat!

Der eine schafft und müht sich,
Der andre singt aus voller Brust –
So war es stets und überall
Zu guter Menschen Glück und Lust.

Mirza-Schaffy, wie lieblich
Ist deiner Weisheitssprüche Klang!
Du machst das Lied zur Rede,
Du machst die Rede zu Gesang!

Übersetzung: Friedrich von Bodenstedt

86 (52).

Ich liebe, die mich lieben

Ich liebe, die mich lieben,
Und hasse, die mich hassen –
So hab' ich's stets getrieben
Und will davon nicht lassen.

Dem Mann von Kraft und Mute
Gilt dieses als das Rechte:
Das Gute für das Gute,
Das Schlechte für das Schlechte!

Man liebt, was gut und wacker,
Man kos't der Schönheit Wange,
Man pflegt die Saat im Acker –
Doch man zertritt die Schlange.

Unbill an Ehr' und Leibe
Verzeihet nur der Schwache:
Die Milde ziemt dem Weibe,
Dem Manne ziemt die Rache!

Übersetzung: Friedrich von Bodenstedt

87 (53).

Mirza-Schaffy! Wo muss ich dich finden

Mirza-Schaffy! Wo muss ich dich finden!
Wohin hat sich dein Fuß verloren?
Wie kommt der Sehende unter die Blinden,
Wie kommt der Weise zu den Toren?

Ich sprach: Was soll das Wort mir frommen?
Der Weise muss zu den Toren gehn,
Sonst würde die Weisheit verlorengehen,
Da Toren nie zum Weisen kommen.

Die ihr so groß und klug euch deuchtet,
Mögt ihr das eine doch bedenken:
Die Sonne selbst, wenn sie uns leuchtet,
Muss ihren Strahl zur Erde lenken!

Übersetzung: Friedrich von Bodenstedt

88 (54).

Der Fromme liebt das Schaurige

Der Fromme liebt das Schaurige,
Der Leidende das Traurige,
Der Hoffende das Künftige,
Der Weise das Vernünftige.

Übersetzung: Friedrich von Bodenstedt

89 (55).

Ein jegliches hat seine Zeit

Ein jegliches hat seine Zeit,
Ein jegliches sein Ziel –
Wer sich der Liebe ernst geweiht,
Der treibt sie nicht als Spiel.

Wer immer singt und immer flennt
Von Liebesglück und Schmerz,
Dem fehlt, was er am meisten nennt,
Dem fehlt Gemüt und Herz.

Übersetzung: Friedrich von Bodenstedt

90 (56).

Ein graues Auge

Ein graues Auge
Ein schlaues Auge,
Auf schelmische Launen
Deuten die braunen,
Des Auges Bläue
Bedeutet Treue;
Doch eines schwarzen Augs Gefunkel
Ist stets, wie Gottes Wege, dunkel.

Übersetzung: Friedrich von Bodenstedt

91 (57).

Sollst dich in Andacht beugen

Sollst dich in Andacht beugen
Vor jenem hohen Geist,
Von dem die Werke zeugen,
Die er dich schaffen heißt.

Der, was du je vollbracht,
Und was dir je gelungen,
Urbildlich vorgedacht,
Urbildlich vorgesungen!

Der dich belohnt für das,
Was sinnvoll du bereitest –
Und straft, wenn du das Maß
Des Schönen überschreitest.

Wer diese Strafe nie,
Nie diesen Lohn empfunden,
Dem hat die Poesie
Den Lorbeer nicht gewunden!

Übersetzung: Friedrich von Bodenstedt

92 (58).

Ich hasse das süßliche Reimgebimmel

Ich hasse das süßliche Reimgebimmel,
Das ewige Flennen von Hölle und Himmel,
Von Herzen und Schmerzen,
Von Liebe und Triebe,
Von Sonne und Wonne,
Von Lust und Brust,
Und von alledem,
Was allzu verbraucht und gemein ist,
Und weil es bequem,
Allen Toren genehm,
Doch vernünftigen Menschen zur Pein ist.

Übersetzung: Friedrich von Bodenstedt

93 (59).

Wenn die Lieder gar zu moscheenduftig

Wenn die Lieder gar zu moscheenduftig
Und schaurig wehn –
Muss es im Kopfe des Dichters sehr ideenluftig
Und traurig stehn.

Übersetzung: Friedrich von Bodenstedt

94 (60).

Wo sich der Dichter versteigt ins Unendliche

Wo sich der Dichter versteigt ins Unendliche;
Lege sein Liederbuch schnell aus der Hand, –
Vieles gemeinem Verstand Unverständliche
Hat seinen Urquell im Unverstand.

Übersetzung: Friedrich von Bodenstedt

95 (61).

Der kluge Mann schweift nicht nach dem Fernen

Der kluge Mann schweift nicht nach dem Fernen,
Um Nahes zu finden,
Und seine Hand greift nicht nach den Sternen,
Um Licht anzuzünden.

Übersetzung: Friedrich von Bodenstedt

96 (62).

Sänger gibt es, die ewig flennen

Sänger gibt es, die ewig flennen,
In erkünsteltem Gram sich strecken,
Wimmern, als ob sie stürben vor Schmerzen,
Ewig in falschen Gefühlen entbrennen,
Weil sie das rechte Gefühl nicht kennen,
Und darum auch in anderer Herzen
Keine rechten Gefühle wecken.
Hüte dich vor solcher schwindelnden Richtung,
Vor des Geschmack's und Verstandes Vernichtung!
Frisch und ureigen
Musst du dich zeigen,
Wie im Gefühle, so in der Dichtung.

Übersetzung: Friedrich von Bodenstedt

97 (63).

Meide das süßliche Reimgeklingel

Meide das süßliche Reimgeklingel,
Wenn dir der Sinn nicht zum Herzen dringt –
Merke dir, dass oft der gröbeste Schlingel
Die allerzärtlichsten Verse singt.

Übersetzung: Friedrich von Bodenstedt

98 (64).

Wer in Bildern und Worten in Liebestönen

Wer in Bildern und Worten in Liebestönen
Zu überschwenglich ist,
Zeigt, dass er dem Geiste des wahrhaft Schönen
Selbst unzugänglich ist.

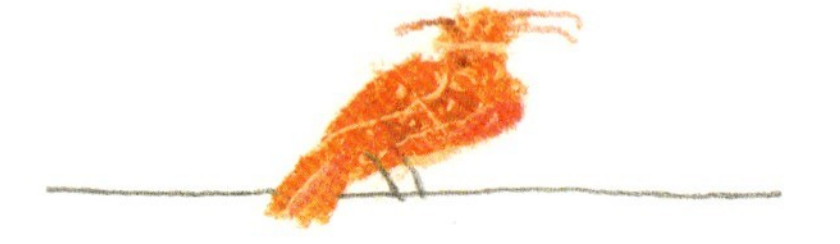

Übersetzung: Friedrich von Bodenstedt

99 (65).

Willst du den Geist im Gesang erspüren

Willst du den Geist im Gesang erspüren
Und dich erfreuen an seinem Duft:
Lass dich nicht von eitlem Klang verführen,
Suche der Erde Gold nicht in der Luft.

Übersetzung: Friedrich von Bodenstedt

100 (66).

Wer nicht vermag seine Lieder zu schöpfen

Wer nicht vermag seine Lieder zu schöpfen
Aus der eignen Brust und der wirklichen Welt,
Der gehört selbst zu den hirnlosen Köpfen,
Denen sein hirnloses Lied gefällt.

Übersetzung: Friedrich von Bodenstedt

101 (67).

Gute Witze wollen erdacht sein

Gute Witze wollen erdacht sein.
Gute Verse wollen gemacht sein.

Ein guter Witz darf nie
Zu sehr ins Breite gehn,
Soll nicht die Poesie
Selbst in die Weite gehn.

Übersetzung: Friedrich von Bodenstedt

102 (68).

Such' keine Weisheit und Erfahrung

Such' keine Weisheit und Erfahrung
In alter Bücher Staub vertieft –
Die allerbeste Offenbarung
Ist: die aus erster Quelle trieft!

Übersetzung: Friedrich von Bodenstedt

103 (69).

Vergebens wird die rohe Hand

Vergebens wird die rohe Hand
Am Schönen sich vergreifen,
Man kann den einen Diamant
Nur mit dem andern schleifen.

Übersetzung: Friedrich von Bodenstedt

104 (70).

Worin besteht, Mirza-Schaffy

Worin besteht, Mirza-Schaffy,
Der Zauber deiner Poesie?

Dass du in allem wahr bist
Und die Natur zu wahren weißt;
Dass du in allem klar bist
Und Wort und Sinn zu paaren weißt.

Dass du nur nach dem Rechten greifst
Und alles recht betrachtest –
Dass du nur Diamanten schleifst
Und Kiesel nicht beachtest!

Übersetzung: Friedrich von Bodenstedt

105 (71).

Es ist leicht, eine kluge Grimasse zu schneiden

Es ist leicht, eine kluge Grimasse zu schneiden
Und ein kluges Gesicht,
Und gewichtig zu sagen: Dies mag ich leiden,
Und jenes nicht.

Und weil ich dies leiden mag, so muss es gut sein,
Und jenes nicht –
Vor solchen Leuten musst du auf der Hut sein
Mit deinem Gedicht!

Übersetzung: Friedrich von Bodenstedt

106 (72).

Wer seine Augen stets am rechten Orte hat

Wer seine Augen stets am rechten Orte hat,
Zum rechten Sinne stets die rechten Worte hat,
Der ist der wahre Dichter, der den Schlüssel,
Den rechten Schlüssel zu der rechten Pforte hat!

Übersetzung: Friedrich von Bodenstedt

107 (73).

Der Rose süßer Duft genügt

Der Rose süßer Duft genügt,
Man braucht sie nicht zu brechen –
Und wer sich mit dem Duft begnügt,
Den wird ihr Dorn nicht stechen!

Übersetzung: Friedrich von Bodenstedt

108 (74).

Als ich der Weisheit nachgestrebt

Als ich der Weisheit nachgestrebt,
Kam ich den Toren töricht vor –
Und klug, da ich wie sie gelebt –
Für weise hält sich nur der Tor!

Übersetzung: Friedrich von Bodenstedt

109 (75).

Zu des Verstandes und Witzes Umgehung

Zu des Verstandes und Witzes Umgehung
Ist nichts geschickter als Augenverdrehung.

Übersetzung: Friedrich von Bodenstedt

110 (76).

Wer alles aufs Spiel gesetzt

Wer alles aufs Spiel gesetzt,
Hat sicher zu viel gesetzt.

Übersetzung: Friedrich von Bodenstedt

111 (77).

Des Zornes Ende

Des Zornes Ende
Ist der Reue Anfang.

Übersetzung: Friedrich von Bodenstedt

Tiflis. Verschiedenes

112 (78).

Wodurch ist Schiras wohl, die Stadt

Wodurch ist Schiras wohl, die Stadt,
Berühmt mit Ros' und Wein geworden?
Wodurch berühmt der Roknabad,
Berühmt Mosellas Hain geworden?

Nicht ihre Schönheit war der Grund,
Viel Schöneres auf Erden gibt es –
Sie sind berühmt durch dein Gedicht,
Durch dich, Hafis! allein geworden!

Das Bonzentum hast du gestürzt,
Und Schiras' Ruhm hast du gegründet–
Es ist durch dich das Kleine groß,
Durch dich das Große klein geworden!

Verherrlicht hast du Stadt und Hain,
Verschönt den Strom und seine Ufer –
Durch dich ist jeder Stein der Stadt
Zu einem Edelstein geworden!

Auch Tiflis ist an Schönheit reich,
Hat Rosen, Wein und schmucke Mädchen –
Und durch dich selbst, Mirza-Schaffy,
Ist auch ein Sänger sein geworden!

Drum soll, was Schiras durch Hafis,
Tiflis durch deine Lieder werden –

Denn aller Zubehör ist dir
Im herrlichsten Verein geworden.

Die stromdurchrauschte Gartenstadt,
Umragt von himmelhohen Bergen,
Und was darinnen blüht und lebt,
Mirza-Schaffy! ist dein geworden!

Ihr schönen Mädchen (merkt euch das!)
Gehört jetzt mir und meinem Liede!
Mein sind nun Augen, Wang' und Mund
Samt ihrem Glanz und Schein geworden!

Zum Paradiese wird mein Lied
Für Schönheit, Blumen, Wein und Liebe –
Was eingeht in dies Paradies,
Ist aller Sünden rein geworden!

Doch eine Hölle wird es sein
Für Bonzen, Kuss- und Weinverächter –
Für dies Geschlecht ist jeder Vers
Zur Stätte ewiger Pein geworden!

So soll durch alle Lande nun,
Mirza-Schaffy, dein Lied ertönen –
Für alles schöne Sein und Tun
Ist es ein Widerschein geworden.

*

Du sandtest deine Jünger aus,
Und es geschah, wie du verheißen:
Berühmt ist Tiflis durch dein Lied
Vom Kyros bis zum Rhein geworden.

Übersetzung: Friedrich von Bodenstedt

113 (79).

Die schönen Mädchen von Tiflis

Die schönen Mädchen von Tiflis,
Die lieben Schmuck und Zier:
Ein Diadem die Stirne
Schmückt jeder jungen Dirne;
Von Samt und Seide schier
Muss Beinkleid und Gewand sein,
Buntfarbig jedes Band sein,
Die Füßchen fein beschuht,
Und blendendweiß die Tschadren* –
Man darf darob nicht hadren;
Es steht den Mädchen gut!

Die schönen Mädchen von Tiflis
Sind ganz nach meinem Sinn!
Ich will die Schönen in
Ureigener Gestalt sehn,
Die fremden Schmucks entbehrt,
Oder von Schmuck umwallt sehn,
Der ihrer Schönheit wert!
Ein Weib, das sich nicht kleiden kann,
Mag schön auch die Gestalt sein,
Ist, was kein Dichter leiden kann,
Und sollt' er noch so alt sein!

Übersetzung: Friedrich von Bodenstedt

* Tschadra, ein den ganzen Körper verhüllender Überwurf.

114 (80).

Schlag die Tschadra zurück! Was verhüllst du dich

Schlag die Tschadra zurück! Was verhüllst du dich?
Verhüllt auch die Blume des Gartens sich?
Und hat dich nicht Gott, wie der Blume Pracht,
Der Erde zur Zierde, zur Schönheit gemacht?
Schuf er all diesen Glanz, diese Herrlichkeit,
Zu verblühen in dumpfer Verborgenheit?

Schlag die Tschadra zurück! Lass alle Welt seh'n,
Dass auf Erden, wie du, Kind, kein Mädchen so schön!
Lass die Augen herzzündende Funken sprüh'n,
Lass die Lippen in rosigem Lächeln glüh'n,
Dass dich, Holde, kein anderer Schleier umschwebt,
Als mit dem dich das Dunkel der Nächte umwebt!

Schlag die Tschadra zurück! Solch ein Antlitz sah
Nie zu Stambul der Harem des Padischah –
Nie säumte zwei Augen so groß und klar
Der langen Wimpern seid'nes Haar –
Drum erhebe den Blick, schlag die Tschadra zurück!
Dir selbst zum Triumpfe, den Menschen zum Glück!

Übersetzung: Friedrich von Bodenstedt

115 (81).

Gelb rollt mir zu Füßen der brausende Kur

Gelb rollt mir zu Füßen der brausende Kur*
Im tanzenden Wellengetriebe;
Hell lächelt die Sonne, mein Herz und die Flur –
O, wenn es doch immer so bliebe!

Rot funkelt im Glas der kachetische Wein,
Es füllt mir das Glas meine Liebe –
Und ich fang' mit dem Wein ihre Blicke ein –
O, wenn es doch immer so bliebe!

Die Sonne geht unter, schon dunkelt die Nacht,
Doch mein Herz, gleich dem Sterne der Liebe,
Flammt im tiefsten Dunkel in hellster Pracht –
O, wenn es doch immer so bliebe!

In das schwarze Meer deiner Augen rauscht
Der reißende Strom meiner Liebe;
Komm, Mädchen! Es dunkelt und niemand lauscht –
O, wenn es doch immer so bliebe!

Übersetzung: Friedrich von Bodenstedt

* Kur = Kyros

116 (82).

Es hat der Schach mit eigner Hand

Es hat der Schach mit eigner Hand
Ein Manifest geschrieben,
Und alles Volk im Farsenland*
Ist staunend stehngeblieben.

„Wie klug der Sinn, wie schön das Wort!"
So scholl es tausendtönig –
Man jubelt hier, man jubelt dort:
„Heil, Heil dem Farsenkönig!"

Mirza-Schaffy verwundert stand,
Das Schreien war ihm widrig.
Er sprach: „Denkt man im Farsenland
Von Königen so niedrig?

Stellt man so tief im Farsenland
Der Fürsten Tun und Treiben,
Dass man erstaunt, wenn mit Verstand
Sie handeln oder schreiben?"

Übersetzung: Friedrich von Bodenstedt

* Farsenland = Persien. Die Perser nennen sich selbst Farsi.

117 (83).

Dass du am Abend zu mir kommst

Dass du am Abend zu mir kommst,
Wird sehr zu deinem Frommen sein,
Wenn du am Morgen lieber kommst,
Es soll dir unbenommen sein –
Komm du zu irgendeiner Zeit,
Wirst allezeit willkommen sein!

Übersetzung: Friedrich von Bodenstedt

118 (84).

Dies soll euch jetzt als neuestes Gebot

Dies soll euch jetzt als neuestes Gebot
Verkündigt werden:
Es soll auf Erden nicht mehr ohne Not
Gesündigt werden!

Wo nicht ein süßer Mund, ein schönes Auge
Verlangen weckt, –
Da soll den Sündern alle Gnade nun
Gekündigt werden!

Jedweder Mund, der sich in schlechten Küssen
Versündigt hat,
Kann nur durch eine Flut von echten Küssen
Entsündigt werden!

Übersetzung: Friedrich von Bodenstedt

119 (85).

An Fatima

O Mädchen, dein beseligend Angesicht
Übt größere Wunder als das Sonnenlicht!
Die Sonne kann uns nicht mit Glut erfüllen,
Wenn Nacht und Wolken ihren Glanz verhüllen,
Sie muss in ganzer Majestät sich zeigen,
In uns die Glut zu wecken, die ihr eigen.

Dich aber, Mädchen, brauch' ich nicht zu sehn,
Um ganz in Glut und Wonne zu vergehn:
So strahlend lebt dein Bild im meinem Innern,
Ich brauche bloß mich deiner zu erinnern.

Ich glühe für dich – aber kalt bleibst du,
Und selber ruhig, – raubst du meine Ruh.

O, fühle selbst die Glut, die du entfachst,
Sei selbst so glücklich, wie du glücklich machst!

Übersetzung: Friedrich von Bodenstedt

120 (86).

Tu nicht so spröde, schönes Kind

Tu nicht so spröde, schönes Kind,
Wenn ich noch spät vorübergeh'
Und fasse dein weiches Händchen lind
Und heimlich einen Kuss erfleh' –

Der dir so schöne Huldigung
Gebracht in reinem Liedesschmuck,
Der braucht wohl nicht Entschuldigung
Für einen Kuss und Händedruck.

Es wird ein jeder Kuss von dir
Ein klingend Lied in meinem Mund –
Und jeder Händedruck gibt mir
Zu einem neuen Kusse Grund!

Übersetzung: Friedrich von Bodenstedt

121 (87).

Ein liebeleeres Menschenleben

Ein liebeleeres Menschenleben
Ist wie ein Quell, versiegt im Sand,
Weil er den Weg zum Meer nicht fand,
Wohin die Quellen alle streben.

Übersetzung: Friedrich von Bodenstedt

122 (88).

Sprich nicht von Zeit, sprich nicht von Raum

Sprich nicht von Zeit, sprich nicht von Raum,
Denn Raum und Zeit sind nur ein Traum,
Ein schwerer Traum, den nur vergisst,
Wer durch die Liebe glücklich ist.

Übersetzung: Friedrich von Bodenstedt

123 (89).

Es dreh'n die Welten sich im Kreise

Es dreh'n die Welten sich im Kreise,
Sie wandeln stets die alten Gleise.

Es geht die Menschheit ihre Bahn
Zum Grabe, wie sie stets getan.

Es blüht die Blume wunderbar
Und welkt wie einst und immerdar.

Zerstörend ist des Lebens Lauf,
Stets frisst ein Tier das andre auf.

Es nährt vom Tode sich das Leben,
Und dies muss jenem Nahrung geben.

Ein wenig Werden und Vergehn,
Wie sich im Kreis die Welten dreh'n.

Ein Kreislauf, der zum Wahnsinn triebe,
Gäb' ihm nicht Licht und Sinn die Liebe!

Übersetzung: Friedrich von Bodenstedt

124 (90).

Ist ein Witz dir zur rechten Stunde gekommen

Ist ein Witz dir zur rechten Stunde gekommen,
So antwortet jeder, den du nie gefragt hast:
Du hast mir das Wort aus dem Munde genommen,
Oft hab' ich gedacht, was du mir gesagt hast!

Mirza-Schaffy, das ist dein Geschäft so,
Was die andern denken, das schreibt deine Hand –
Manch kernigen Witz umschließt jedes Heft so,
Und all deine Witze sind einzig im Land!

Übersetzung: Friedrich von Bodenstedt

125 (91).

Nach einem hohen Ziele streben wir

Nach einem hohen Ziele streben wir,
So ich, wie du!
Uns in Gefangenschaft begeben wir,
So ich wie du!
In mein Herz sperr ich dich – du mich in deines,
Getrennt und doch vereint, so leben wir,
So ich, wie du!
Dich fing mein Witz und mich dein schönes Auge,
Und wie zwei Fisch' am Angel schweben wir,
So ich, wie du!
Und doch den Fischen ungleich – durch die Lüfte
Uns wie ein Adlerpaar erheben wir,
So ich, wie du!

Übersetzung: Friedrich von Bodenstedt

126 (92).

So singt Mirza-Schaffy: Wir wollen sorglos

So singt Mirza-Schaffy: Wir wollen sorglos
In der Gefahr sein –
Im Bund mit Wein, mit Rosen und mit Frauen
Des Kummers bar sein!

Mag Heuchelei mit Hochmut sich verbünden,
Bosheit mit Dummheit –
Wir aber wollen eine geisterlesne
Geweihte Schar sein!

Vorläufer der Erlösung, Tempelstürmer
Des Aberglaubens –
Verkündiger der Wahrheit, die einst allen
Wird offenbar sein!

Ein Schwert ist unser, schärfer als das schärfste
Schwert von Damaskus –
Und wo es trifft, da wird geheilt den Blinden
Der schwarze Star sein!

Wir reißen Sonne, Mond und Sterne nieder,
Es soll ihr Feuer
Im Liede glühn, und Opferflamme auf der
Schönheit Altar sein!

So wandeln wir einher mit froher Botschaft,
Und nichts hinfort
Soll uns Verfängliches, als schöne Augen
Und schönes Haar sein!

Übersetzung: Friedrich von Bodenstedt

127 (93).

Endlich wird es mir zuwider

„Endlich wird es mir zuwider,
Dieses ew'ge Minnespiel!
Immer hallen deine Lieder
Nur von Wein und Liebe wider,
Was zuviel ist, ist zuviel!"

– Kannst du Besseres mir geben?
Zeige mir den Weg, das Ziel;
Gut, weiß ich, ist all mein Streben,
Und in diesem Jammerleben
Ist des Guten nie zuviel! –

Übersetzung: Friedrich von Bodenstedt

128 (94).

Gott hieß die Sonne glühen

Gott hieß die Sonne glühen
Und leuchten durch alle Welt;
Er hieß die Rose blühen
Auf duftigem Blumenfeld.

Er hieß die Berge sich türmen
Und über die Lande erheben –
Ließ Winde wehen und stürmen,
Schuf vielgestaltiges Leben.

Er gab den Vögeln Gefieder,
Dem Meere sein ewiges Rauschen,
Mir gab er sinnige Lieder,
Euch Ohren, ihnen zu lauschen!

Übersetzung: Friedrich von Bodenstedt

129 (95).

Und was die Sonne glüht

Und was die Sonne glüht,
Was Wind und Welle singt,
Und was die Rose blüht, –
Was auf zum Himmel klingt
Und was vom Himmel nieder:
Das weht durch mein Gemüt,
Das klingt durch meine Lieder!

Übersetzung: Friedrich von Bodenstedt

130 (96).

Die Geschichte von der schönen Chanin Fatme

Es schaute aus üppigem Frauengemach
Die schöne Chanin den Hof entlang,
Wo unter schattigem Blätterdach
Aus Marmor hoch die Fontäne sprang –
Es war unter allen Haremsfrauen
So schön wie Fatme keine zu schauen:
Das Auge so groß, so klein der Mund,
Der Wuchs so schlank, der Arm so rund –
Wer sie sah, blieb im Zauber verloren,
Sie war zum Verzaubern geboren.

Urplötzlich ein Schrei ihren Lippen entfuhr,
Und das Auge war wie umnachtet:
Sie sah, wie unten im Hausesflur
Ein Sklav' ein Lämmlein schlachtet –
Die Chanin stand in Tränen zerflossen,
Als würde ihr eignes Herzblut vergossen.

Und wie sie noch so wehmutsvoll
Für das arme Lämmlein litt, –
Mit gekreuzten Armen und demutsvoll
Zu ihr eine Sklavin tritt.
„Hat das Gift gewirkt?" fragt Fatme schnell –
Die Sklavin nickt und zittert –
Doch der Chanin Auge blickt wieder hell:
„Der hab' ich die Freude verbittert!

Nun mag er sich winden und grämen,
Ich will mich der Tat nicht schämen!
Selbst lieber wollt' ich tot sein,
Als von solcher Buhlin bedroht sein,
Warum hat er sie hergebracht,
Dass sie mein Glück verscheuchte –
Ich will, dass in der Haremsnacht
Nur ein Gestirn ihm leuchte!"

Und sie wischt aus dem Auge die Träne,
Blickt rachegesättigt und munter
In den schattigen Hofraum hinunter.
Im Hofe springt die Fontäne,
Und wirft ihren blitzenden Silberstaub
Bis hoch an der Bäume grünes Laub.

Es lag so schwül und schwer in der Luft,
Von ferne zog ein Gewitter her –
Aus den Bäumen weht es wie Grabesduft,
Und auch der Chanin ward schwül und schwer.
Sie wankte dem weichen Lager zu,
Sie suchte Ruh und fand nicht Ruh.

Sie barg in den Polstern ihr heiß' Gesicht,
Sie wollte schlafen und konnte nicht.

Übersetzung: Friedrich von Bodenstedt

131 (97).

Zum Diwan der Wezire musst' ich kommen

Zum Diwan der Wezire musst' ich kommen,
So war des Schachs Befehl –
Mirza! Jetzt sag' ob dem, was du vernommen,
Dein Urteil ohne Hehl!

Ich sprach: Ich will dir sagen, was ich fühle,
Ich mach' es dir kein Hehl!
Ich höre das Geklapper einer Mühle,
Doch sehe ich kein Mehl!

Übersetzung: Friedrich von Bodenstedt

132 (98).

Mirza-Schaffy, liebliche Biene

Mirza-Schaffy, liebliche Biene,
Lange bist du umhergeflogen,
Hast von Rosen und Jasmine
Nektar und süße Düfte gesogen;
Höre jetzt auf zu wandern
Von einer Blume zur andern –
Kehr' mit dem Gefieder
Deiner duftigen Lieder,
Kehr' mit all deinem Honigseim
Heim, zur Geliebten heim!

Übersetzung: Friedrich von Bodenstedt

Mirza-Jussuf

133 (99).

Eine alte Geschichte in neue Reime gebracht

Es hat Mirza-Jussuf ein Lied geschrieben
Von zweier Menschen Sehnen und Lieben:
Wie sie erst in Wünschen und Hoffen geschwommen,
Dann wild für einander entbrannt sind –
Wie beide erst um ihr Herz gekommen,
Dann gekommen um ihren Verstand sind –
Wie das Schicksal beide getrennt hat,
Ganz rein und unverschuldet –
Wie er für sie geflennt hat,
Und sie für ihn geduldet.
Dazwischen kommt viel Mondenschein,
Viel traurig' Sterngefunkel.
Und kluge Quellen murmeln drein
Im grausigen Waldesdunkel.
Dann wird ein kühner Sprung gemacht,
Man glaubt, sie werden zusammengebracht –
Da naht das Schicksal trüb und schwer
Und wirft sie wieder hin und her.
Er trägt sein Los in Demut,
Sie harrt und hofft – er seufzt und flennt,
Wie man das schon von alters kennt.
So schwimmen sie beide in Wehmut,
Bis Allahs Herz gerührt wird
Von dem vielen Flennen und Leiden,
Und das Paar zusammengeführt wird,
Um nimmermehr zu scheiden.

Übersetzung: Friedrich von Bodenstedt

134 (100).

Gemütlich nennt ihr diesen Dichter

Gemütlich nennt ihr diesen Dichter?
Ja, ja! In seinen Versen spricht er
Viel von Gemüt, ist fromm und zart,
Ein keuscher Joseph ohne Bart.
Drum hält die Welt ihn auch gewöhnlich
Für so gemütlich; – doch persönlich
Ist er ein Schlingel eigner Art,
Ein Grobian von unten bis nach oben.
Und das ist noch zumeist an ihm zu loben!
Wär' er so zart wie seine Lieder,
So ohne Sinn:
Wär' mir der Kerl noch mehr zuwider
Als ohnehin.

Übersetzung: Friedrich von Bodenstedt

135 (101).

Seht Mirza-Jussuf an, wie er gespreizt einhergeht

Seht Mirza-Jussuf an, wie er gespreizt einhergeht:
So faltet er die Stirn, wenn er gedankenschwer geht.
Er findet alles schlecht, sich selbst nur gut und löblich
Und schimpft auf alle Welt, weil sie nicht geht wie er geht!

Es ist die Art des Ochsen, dass er einen schweren Gang hat –
Und dass sein Brüllen stets unangenehmen Klang hat –
Doch: gibt ihm das ein Recht, die Nachtigall zu schmähen,
Weil sie so leicht' Gefieder und wundersüßen Sang hat?

Übersetzung: Friedrich von Bodenstedt

136 (102).

Was Mirza-Jussuf doch

Was Mirza-Jussuf doch
Ein kritischer Gesell ist!
Der Tag gefällt ihm nicht,
Weil ihm der Tag zu hell ist!

Er liebt die Rose nicht,
Weil Stachel sie und Dorn hat,
Und liebt den Menschen nicht,
Weil er die Nase vorn hat!

Er tadelt alles rings,
Was nicht nach seinem Kopf ist –
Merkt alles in der Welt,
Nur nicht, dass er ein Tropf ist!
So liegt er immer mit
Natur und Kunst im Kampf,
So treibt es Tag und Nacht ihn
Durch blauen Dunst und Dampf!

Mirza-Schaffy belacht ihn
Mit schelmischem Gesicht,
Und macht aus seiner Bitterkeit
Das süßeste Gedicht!

Übersetzung: Friedrich von Bodenstedt

137 (103).

Lass, Mirza-Jussuf, dein Schmollen jetzt

Lass, Mirza-Jussuf, dein Schmollen jetzt!
Ich bin zu munter, um dir zu grollen jetzt!
Statt Hass auszusäen, wie du es tust,
Schlürf ich ein meinen Becher, den vollen, jetzt!

Schon genug bist du bestraft in der Welt hier!
Dass nichts dir behagt, nichts gefällt hier –
Und ist doch für jeden, der zu genießen weiß,
Alles so herrlich gemacht und bestellt hier!

Übersetzung: Friedrich von Bodenstedt

138 (104).

Was ist doch Mirza-Jussuf ein vielbeles'ner Mann

Was ist doch Mirza-Jussuf ein vielbeles'ner Mann!
Bald liest er den Hafis, bald liest er den Koran,
Bald Dschami und Chakani, und bald den Gulistan.
Hier stiehlt er sich ein Bild, und eine Blume dort,
Hier einen schönen Gedanken, und dort ein schönes Wort.
Was schon geschaffen ist, das schafft er wieder um,
Die ganze Welt setzt er in seine Lieder um.
Und hängt zu eignem Schmuck fremdes Gefieder um.
Damit macht er sich breit und nennt das Poesie.

Wie anders dichtet doch und lebt Mirza-Schaffy!
Ein Leuchtstern ist sein Herz, ein Garten seine Brust,
Wo alles glüht und duftet von frischer Blütenluft.
Und bei des eignen Schaffens unwüchsiger Gewöhnung
Vergisst er auch den Klang, die Formvollendung nicht;
Doch übersieht er ob der Reime süßer Tönung
Des Dichters eigentliche, erhabne Sendung nicht.
Den Mangel an Gehalt ersetzt ihm die Verschönung
Des Lieds durch Blumenschmuck und seine Wendung nicht.
Für Schlechtes und Gemeines bekehrt ihn zur Versöhnung
Des Wortes Flitterstaat, die Form und Endung nicht.

Übersetzung: Friedrich von Bodenstedt

139 (105).

Lieber Sterne ohne Strahlen

Lieber Sterne ohne Strahlen,
Als Strahlen ohne Sterne –
Lieber Kerne ohne Schalen,
Als Schalen ohne Kerne –
Geld lieber ohne Taschen,
Als Taschen ohne Geld –
Wein lieber ohne Flaschen,
Als umgekehrt bestellt!

Übersetzung: Friedrich von Bodenstedt

Hafisa

140 (106).

O wie mir schweren Dranges

O wie mir schweren Dranges
Das Herz im Leibe bebt,
Wenn sie so leichten Ganges
An mir vorüberschwebt!

Herab vom Rücken weht
Ein blendend weißer Schleier;
Durch ihre Augen geht
Ein wunderbares Feuer;
Die schwarzen Locken wühlen
Um ihres Nackens Fülle;
Der Leib, der Busen fühlen
Sich eng in ihrer Hülle.
Allüberall Bewegung,
Allüberall Entzücken,
Dass sich in toller Regung
Die Sinne mir berücken,
Dass wunderbaren Dranges
Das Herz im Leibe bebt,
Wenn sie so leichten Ganges
An mir vorüberschwebt!
Narzissen blühn und Rosen
Am himmelblauen Kleide,
Darunter flammen Hosen
Von feuerroter Seide –

Die kleinen, zarten Füße,
Die weichen, feinen Hände,
Der Mundrubin, der süße,
Der Zauber ohne Ende!

O, wie mir schweren Dranges
Das Herz im Leibe bebt,
Wenn sie so leichten Ganges
An mir vorüberschwebt!

Übersetzung: Friedrich von Bodenstedt

141 (107).

Das Lied von der Schönheit

Ich sang auf dem Basar
Ein Lied von deiner Schöne,
Und wer es hörte, war
Entzückt von deiner Schöne.

Tataren, Perser, Kurden
Und Haïks schlaue Söhne,
Moslem und Christen wurden
Gerührt von deiner Schöne.

Es waren Sänger dorten,
Die merkten Sinn und Töne,
Und singen jetzt allerorten
Das Lied von deiner Schöne.

Der Schleier ist zerrissen,
Dass sich dein Blick gewöhne,
Denn alle Leute wissen
Das Lied von deiner Schöne.

Und flieht dein Reiz – o, dass dies Wort
Im Alter dich versöhne!
Man singt doch fort und immerfort
Das Lied von deiner Schöne!

Übersetzung: Friedrich von Bodenstedt

142 (108).

Wenn zum Tanz die jungen Schönen

Wenn zum Tanz die jungen Schönen
Sich im Mondenscheine drehn,
Kann doch keine sich so lieblich
Und so leicht wie meine drehn!

Dass die kurzen Röcke flattern,
Und darunter, rot bekleidet,
Leuchtend wie zwei Feuersäulen
Sich die schlanken Beine drehn!

Selbst die Weisen aus der Schenke
Bleiben stehn vor Lust und Staunen,
Wenn sie, spät nach Hause schwankend,
Sich berauscht vom Weine drehn!

Auch der Muschtahid*, der fromme,
Mit den kurzen Säbelbeinen,
Spricht: So lieblich wie Hafisa
Kann im Tanz sich keine drehn!

Ja, vor dieser Anmut Zauber,
Vor Hafisas Tanzesreigen,
Wird sich noch berauscht die ganze
Gläubige Gemeine drehn!

Und was in der Welt getrennt lebt
Durch verjährten Sektenhader,

---

* Oberpriester im Islam

Wird sich hier versöhnt mit uns in
Liebendem Vereine drehn!

O, Mirza-Schaffy! welch Schauspiel,
Wenn die alten Kirchensäulen
Selber wanken und sich taumelnd
Um Hafisas Beine drehn!

Übersetzung: Friedrich von Bodenstedt

143 (109).

Neig, schöne Knospe, dich zu mir

Neig, schöne Knospe, dich zu mir!
Und was ich bitte, das tu mir!
Ich will dich pflegen und halten;
Du sollst bei mir erwarmen,
Und sollst in meinen Armen
Zur Blume dich entfalten!

Übersetzung: Friedrich von Bodenstedt

144 (110).

Ei, du närrisches Herz

Ei, du närrisches Herz,
Dass dich klagend gebeugt hast!
Du bejammerst den Schmerz,
Den du selber erzeugt hast!
Du verzweifelst in Gefahr heut,
Und suchst selbst doch die Gefahr!
Und ich kenne deine Narrheit,
Und bin selbst ein solcher Narr!

Übersetzung: Friedrich von Bodenstedt

145 (111).

Ein Blick des Augs hat mich erfreut

Ein Blick des Augs hat mich erfreut –
Der Zauber dieses Augenblicks
Wirkt immerfort in mir erneut
Ein leuchtend Wunder des Geschicks.

Drum eine Frage stell ich dir,
Horch huldvoll auf, mein süßes Leben:
Galt jener Blick des Auges mir,
So magst du mir ein Zeichen geben!

Und darf ich deinem Dienst mich weihn,
Und bist du meinem Arm erreichbar:
So wird mein Herz voll Jubel sein,
Und meiner Freude nichts vergleichbar!

Dann leb' ich fort durch alle Zeit
Im Wunderleuchten des Geschicks,
Den Augenblick der Seligkeit,
Die Seligkeit des Augenblicks!

Übersetzung: Friedrich von Bodenstedt

146 (112).

Es ragt der alte Elborus

Es ragt der alte Elborus
So hoch der Himmel reicht;
Der Frühling blüht zu seinem Fuß,
Sein Haupt ist schneegebleicht.

Ich selbst bin wie der Elborus
In seiner hehren Ruh,
Und blühend zu des Berges Fuß
Der schöne Lenz bist du!

Übersetzung: Friedrich von Bodenstedt

147 (113).

Auf dem Dache stand sie, als ich schied

Auf dem Dache stand sie, als ich schied,
Mit Gewand und Locken spielt der Wind –
Sang ich scheidend ihr mein letztes Lied:
Nun leb' wohl, du wundersüßes Kind!
Muss von dannen gehn
Doch auf Wiedersehn,
Wenn das Hochzeitsbett bereitet steht!

Ein Kamel, beladen, bring ich dir,
Reichen Stoff zu Kleidern und Schalwar*,
Echte Chenna** zu der Finger Zier,
Schmuck und Narden für dein Ambrahaar,
Feines Seidenzeug,
Sammet dick und weich,
Und die Mutter wird zufrieden sein!

Auf dem Dache stand sie, als ich schied,
Winkt herab mit ihrer kleinen Hand. –
Weht der Wind ihr zu mein Scheidelied,
Spielt der Wind mit Locken und Gewand;
Fahre wohl, mein Glück!
Kehre bald zurück.
Wenn das Hochzeitsbett bereitet steht!

Übersetzung: Friedrich von Bodenstedt

---

* Weite Beinkleider

** Zum Blaufärben der Nägel und Fingerspitzen, was bei den Turkvölkern, Persern und anderen Völkern zur Eleganz gehört.

148 (114).

Sie sprach: O welch geteiltes Glück

Sie sprach: O welch geteiltes Glück,
Mirza-Schaffy! ward meinem Leben:
Du hast dein Herz nun Stück für Stück
Wie deine Lieder hingegeben –
Was bleibt davon für mich zurück,
Für all mein Lieben, all mein Streben?

Ich Sprach: Stets ungeteilt erglüht
Und zündend seine Strahlen sprüht
Mein Herz, an ewiger Liebe reich, –
Es ist mein Herz der Sonne gleich,
Der hohen Strahlenspenderin,
Die, ob sie gleich Verschwenderin
Mit ihrem Licht und Glanz ist,
Doch immer schön und ganz ist!

Übersetzung: Friedrich von Bodenstedt

149 (115).

Die alten Saklis* von Tiflis

Die alten Saklis von Tiflis,
Ich kann sie kaum wiedererkennen,
Wie sie im Mondenstrahle
So prachtvoll glitzern und brennen.

Die jungen Mädchen von Tiflis,
Ich kann sie kaum wiedererkennen,
Wie sie so kalt und finster
An mir vorüberrennen.

Mirza-Schaffy! dich selber
Kann man kaum wiedererkennen,
Seit du und deine Hafisa
Sich Mann und Weibchen nennen!

Übersetzung: Friedrich von Bodenstedt

---

* So heißen die gewöhnlich halb unterirdischen Häuser in Georgien.

150 (116).

Es kommen die Missionäre

Es kommen die Missionäre
Zu uns vom Abendlande,
Und predigen fromme Märe
In schwarzem Bußgewande:

Wie alle Welt verdorben,
Versunken ganz im Bösen,
Und wie der Christ gestorben,
Die Menschheit zu erlösen.

„Wir wurden auserkoren
Die Märe zu verbreiten;
Wer zweifelt, ist verloren
Für alle Ewigkeiten!"

„Ihr wandelt dunkle Wege,
Wir führen euch zur Klarheit."
– Doch: wer gibt mir Belege
Für eurer Worte Wahrheit?

Ich komme nicht zu Ende
Im Guten wie im Bösen,
Wenn nicht Hafisas Hände
Die dunklen Zweifel lösen.

Du schöne Missionärin!
Lehr' du mich Religion:
Bei dir liegt die Gewähr in
Dem Blick des Auges schon.

Übersetzung: Friedrich von Bodenstedt

151 (117).

Sie meinten ob meiner Trunkenheit

Sie meinten ob meiner Trunkenheit
Und gänzlichen Versunkenheit:
Ich fände kein Erbarmen…

O, ewig möcht' ich trunken sein,
Und ewig ganz versunken sein,
In deinen weißen Armen!

Übersetzung: Friedrich von Bodenstedt

152 (118).

Soll mich bekehren, weil ich nicht

Soll mich bekehren, weil ich nicht
Im richtigen Geleise bin,
Derweil ich gänzlich festgebannt
In deinem Zauberkreise bin.

Sie zeigen mir den Himmelsweg
Und warnen mich vor falscher Bahn,
Derweilen ich zum Paradies
Längst fertig mit der Reise bin.

Sie preisen ihren Himmel hoch
Und machen viel Geschrei davon,
Derweilen ich im höchsten Glück
Verschwiegen ganz und leise bin.

Die Nachtigall ist Sünderin,
Weil sie nicht wie der Rabe krächzt –
Ich bin verdammt – weil ich beglückt
In meiner eignen Weise bin!

Übersetzung: Friedrich von Bodenstedt

153 (119).

Jussuf und Hafisa

Von Jussuf im Ägypterland,
Dem lieblichsten der Menschensöhne,
Heißt es: Ihm gab Jehovahs Hand
Die hälfte aller Erdenschöne!

Als Jussuf nun gestorben war,
Hub seine Schönheit an zu wandern
Und wanderte wohl manches Jahr
Von einem Lande zu dem andern.

Denn dieses war ihr Schicksalswort:
Nur dort sollst du in Zukunft thronen,
Wo dir zur Pflege, dir zum Hort
Bescheidenheit und Anmut wohnen.

An manche Türe klopft sie an,
Bei Armen wie im Prunkpalaste –
Und gerne ward ihr aufgetan,
Doch nirgend blieb sie gern zu Gaste:

Bis sie bei dir, du süße Maid,
Ein heimatliches Dach gefunden,
Wo Anmut und Bescheidenheit
Sie nun für alle Zeit gebunden.

Übersetzung: Friedrich von Bodenstedt

Glaube und Leben

154 (120).

Ich glaub', was der Prophet verhieß

Ich glaub', was der Prophet verhieß,
Dass Lohn für gutes Streben wird,
Und uns dereinst im Paradies
Ein wunderbares Leben wird –
Doch alles Schöne hier und dort
Muss man erkennen lernen,
Will man es sicher immerfort
Vom Schlechten trennen lernen.
Drum üb' ich mich schon in der Zeit
Auf den Genuss der Ewigkeit.
Und sollte des Propheten Wort
(Wer kann darüber klar sein?)
Von ew'gen Himmelsfreuden dort
Nicht, wie wir hoffen, wahr sein,
So hab' ich doch schon in der Zeit
Ein gutes Teil erkoren,
Und die gewünschte Ewigkeit
Ging mir nicht ganz verloren!

Übersetzung: Friedrich von Bodenstedt

155 (121).

So sprach ich, als die Heuchler zu mir kamen

So sprach ich, als die Heuchler zu mir kamen:
Wer mit sich selber eins, ist eins mit Gott –
Wer aber hasst und flucht in Gottes Namen,
Treibt mit dem Heiligen verwegnen Spott!

Übersetzung: Friedrich von Bodenstedt

156 (122).

Sie glauben mit frommem Hadern

Sie glauben mit frommem Hadern
Den Himmel zu verdienen;
Der Zorn schwillt ihre Adern,
Der Hass färbt ihre Mienen.

Das Mordschwert in den Händen
Verlangen sie Glauben und Buße,
Und glauben, sie selber ständen
Mit Gott auf dem besten Fuße.

Ich aber sage euch, dass
Gott ferne solchem Getriebe!
Ungöttlich ist der Hass,
Und göttlich nur die Liebe!

Übersetzung: Friedrich von Bodenstedt

157 (123).

Wer glücklich ist, der ist auch gut

Wer glücklich ist, der ist auch gut,
Das zeigt auf jedem Schritt sich;
Dem wer auf Erden Böses tut,
Trägt seine Strafe mit sich!

Du, der in deiner frommen Wut
Des Zorns und Hasses Sklave,
Du bist nicht glücklich, bist nicht gut:
Dein Hass ist deine Strafe!

Übersetzung: Friedrich von Bodenstedt

158 (124).

Wer glücklich ist, der bringt das Glück

Wer glücklich ist, der bringt das Glück
Und nimmt es nicht im Leben!
Es kommt von ihm und kehrt zurück
Zu ihm, der es gegeben!

Übersetzung: Friedrich von Bodenstedt

159 (125).

Was Gott uns gab hienieden

Was Gott uns gab hienieden,
Das nennt man hier die Zeit;
Was jenseits uns beschieden,
Benennt man Ewigkeit.

Zum Unglück oder Glücke
Bereitet uns die Zeit –
Der Tod schlägt dann die Brücke
Zur blauen Ewigkeit.

Harrt unsrer Böses, Gutes,
Wenn wir einst scheiden hier!
Ich bin ganz frohen Mutes
Und spreche selbst zu mir:

Wer in der Zeit vernünftig,
Ist glücklich in der Zeit,
Und wird so bleiben künftig
In alle Ewigkeit!

Übersetzung: Friedrich von Bodenstedt

160 (126).

Nachts kam im Traum zu mir ein Engel

Nachts kam im Traum zu mir ein Engel,
Der hatte vom Himmel den Abschied bekommen,
Weil er, voll lauter irdischer Mangel,
Das Himmelreich für die Erde genommen.

Gott sprach zu ihm am Tag des Gerichtes:
Was man einmal ist, das muss man ganz sein;
Im Himmel himmlischen Angesichtes
Muss man voll lauter himmlischem Glanz sein.

Die Erde hat Wein, Gesang und Liebe, –
Der Himmel hat seinen himmlischen Segen.
So lange dein Herz voll irdischer Triebe,
Sollst du der irdischen Freuden pflegen!

Wer nicht im Leben erstrebt das Beste
Was meine Gnade bereitet auf Erden,
Dem bleiben zu viele irdische Reste,
Der kann auch im Himmel nicht glücklich werden.

Übersetzung: Friedrich von Bodenstedt

161 (127).

Der Muschtahid singt

Wenn alle Gläubigen die rechten Pfade gehn,
So bleibt mir nichts, als ihnen nachzusehn –
Wie aber könnte ich dabei bestehn!

Wenn jeder Durstige selbst sucht den Weg zum Quell,
Der ihm entgegenrieselt klar und hell,
Bin ich ein überflüssiger Gesell.

Doch lieber trübe ich die Quellen allesamt,
Als dass ich wank' und weich' aus meinem Amt –
Wer mir nicht folgen will: der sei verdammt!

Übersetzung: Friedrich von Bodenstedt

162 (128).

Mirza-Schaffy singt

Worin besteht der ganze Unterschied
Wohl zwischen mir und unserm Muschtahid?

Wir beide suchen vor dem Volk durch Predigen
Uns überflüssiger Weisheit zu entledigen,
Ich singend – er mit näselndem Gekreische,
Das Herz sitzt ihm so tief im dicken Fleische,
Dass nie vom Herzen trat etwas zutage –
Derweil ich mein Herz auf der Zunge trage.

Auf seinen kurzen Beinen wackelt er
Ernst wie ein alter Gänserich einher;
Und keucht, als müsst' er nebst dem vollen Magen
Die Sündenlast der ganzen Menschheit tragen.

Ich wandle ganz leichtfüßig durch die Straße;
Er seufzt und flucht – ich lächle und ich spaße.

Er liebt's, mich im geheimen durchzuhecheln,
Ich aber nehm' ihn öffentlich aufs Korn,
Und er hat weit mehr Furcht vor meinem Lächeln,
Als ich je Furcht gehabt vor seinem Zorn.

Übersetzung: Friedrich von Bodenstedt

163 (129).

Ich sah ihn neulich spät nach Hause kommen

Ich sah ihn neulich spät nach Hause kommen,
Er hatte sich im Trinken übernommen,
Da fiel er in den Schmutz und seufzte trunken:
„Die Welt ist in Verderben ganz versunken!“

Sein Glaube ist so groß, dass, wenn er fällt,
Glaubt er: gefallen sei die ganze Welt.

Übersetzung: Friedrich von Bodenstedt

164 (130).

Lass den Muckern ihre Tugend

Lass den Muckern ihre Tugend,
Was daran ist, Herr, du weißt es;
Nur erhalte mir die Jugend
Meines Herzens, meines Geistes!

Wo so edle Weine fließen,
Muss die Quelle doch wohl echt sein;
Wo so duft'ge Blumen sprießen,
Kann der Boden nicht ganz schlecht sein.

Mache fruchtbar meinen Acker,
Segne meine Liederquelle,
Und das Herz erhalte wacker,
Und den Blick erhalte helle!

Übersetzung: Friedrich von Bodenstedt

Vermischte Gedichte und Sprüche

165 (131).

Frage und Antwort

„Du hast so oft uns schon gesungen,
Wie deiner Liebsten Wangen sind;
Wie Blumen, frisch im Lenz entsprungen,
Voll Lust und Blütenprangen sind –
Warum ist nie dein Lied erklungen
Von Zeiten, die vergangen sind?

Auch Helden deines Stammes waren
An Ruhm und hohen Ehren reich;
Es herrschten Fürsten der Tataren
Einst über alles Russenreich;
Der Tatarchan gebot den Zaren
Und machte sie den Sklaven gleich.

Er flog auf hohem Ruhmesflügel,
Bis zu des großen Meeres Strand –
Stieg er zu Ross, hielt ihm den Bügel
Der Russenfürst mit eigner Hand,
Und reicht' ihm demutvoll den Zügel
Und küsste kniend sein Gewand.

Wohl ziemt's der Goldnen Horde Sohn,
Der Väter Tat im Lied zu ehren,
Und mit des alten Ruhmes Ton
Zu wecken neues Ruhmbegehren!"

Ich sprach: Die alten Sagen melden
Von großen und von kleinen Helden,
Die weithin mit der Goldnen Horde
Gestreift zu großem Menschenmorde.

Es drückt ein Volk das andre nieder
Und schwelgt in Siegesruhm und Glück –
Das andre Volk erhebt sich wieder,
Gibt die erlitt'ne Schmach zurück –
So ist's in alter Zeit geschehn,
So kann man's jetzt und immer sehn;
Das ist kein Stoff für meine Lieder.

Erst machte sich der Tatarchan
Das Volk der Russen untertan,
Dann rächten sich die Russenscharen
Und unterjochten die Tataren;
Sie haben ihren Lohn dahin!
Was schert es mich, ob Volk und Fürsten
Nach Kriegesruhm und beute dürsten,
Solch Tun ist nicht nach meinem Sinn.

Ein jeder bleib in seinem Kreise,
Ein jeder tu nach seiner Weise.
Ich singe nur, was mir gefällt,
Und davon gibt es in der Welt
So viel, dass ich mich allezeit
Von dieser Fülle nähren kann,
Und füglich die Vergangenheit
Mit ihrem Glanz entbehren kann.

Übersetzung: Friedrich von Bodenstedt

166 (132).

Ich stand einst hoch in Gnade bei dem Schach

Ich stand einst hoch in Gnade bei dem Schach,
Der oftmals bitter sich bei mir beklagte,
Dass ihm kein Mensch so recht die Wahrheit sagte.
Ich dachte ob dem Sinn der Worte nach
Und fand, dass er mit gutem Grunde klagte;
Doch als ich ihm so recht die Wahrheit sagte,
Verbannte mich von seinem Hof der Schach.
Wohl gibt es Fürsten,
Die nach Wahrheit dürsten,
Doch wenigen ward ein so gesunder Magen,
Sie zu vertragen.

Übersetzung: Friedrich von Bodenstedt

167 (133).

An den Großvesier

Blick' nicht so stolz, o Großvesier!
Man scheut nicht dich, nur deine Macht –
Erweist man offen Ehre dir,
Wirst du doch heimlich ausgelacht!

O Großvesier, blick' nicht so stolz!
Ob auch die Brust von Orden strahlt:
Du bist geschnitzt aus schlechtem Holz,
Mit goldnem Firnis übermalt.

Du rühmst dich deines stolzen Scheins,
Gehst hinterm Sultan ein und aus –
Die Nullen, folgen sie der Eins,
Wird eine große Zahl daraus!

O Großvesier, blick' nicht so stolz!
Ob du auch golden übermalt:
Du bist geschnitzt aus schlechtem Holz,
Hast Glanz, der dir zur Schande strahlt!

Übersetzung: Friedrich von Bodenstedt

168 (134).

Freundschaft

Mirza-Schaffy kam einst auf einer Reise
Zu einem reichen Mann. Da sprach der Weise:
Ich will dein Gast für heut und Morgen bleiben,
Hilf mir die Zeit nun angenehm vertreiben;
Bereit' ein Fest, lad' gute Freunde ein,
Wir wollen froh und guter Dinge sein!
– Ich habe keine Freunde! – sprach der Mann.
Mirza-Schaffy sah ihn verwundert an:
So darf ich nicht dein Dach zum Obdach wählen,
Dem selbst beim Reichtum gute Freunde fehlen!
Er schüttelte den Staub von seinen Füßen,
Verließ den Reichen, ohne ihn zu grüßen,
Sprach: Wem der Himmel keinen Freund beschert,
Weh ihm! der Mann ist keines Grußes wert.

Übersetzung: Friedrich von Bodenstedt

169 (135).

Das Leben ist ein Darlehn, keine Gabe

Das Leben ist ein Darlehn, keine Gabe –
Du weißt nicht, wieviel Schritt du gehst zum Grabe,
Drum nütze klug die Zeit: auf jedem Schritt
Nimm das Bewußtsein deiner Pflichten mit.
Gewöhne dich – da stets der Tod dir dräut –
Dankbar zu nehmen, was das Leben beut;
Die Wünsche nicht nach Äußerm zu gestalten,
Sondern den Kern im Innern zu entfalten;
Nicht fremder Meinung Untertan zu sein,
Die Dinge nicht zu schätzen nach dem Schein;
Nicht zu verlangen, dass sie sollen gehen,
Wie wir es wünschen – sondern sie verstehn,
Dass wir uns bei Erfüllung unsrer Pflichten
(Da sie's nach uns nicht tun) nach ihnen richten.

Übersetzung: Friedrich von Bodenstedt

170 (136).

Wo sich Kraft will offenbaren

Wo sich Kraft will offenbaren,
Wird sie Widerstand erfahren,
Schlechtes sucht mit Gutem Streit –
Ist sie klein, wird sie erliegen,
Ist sie groß, so wird sie siegen
Über Tücke, Hass und Neid.
Aus derselben Ackerkrume
Wächst das Unkraut wie die Blume –
Und das Unkraut macht sich breit,
Doch es raubt nichts von dem Ruhme,
Duft und Glanz der schönen Blume.

Übersetzung: Friedrich von Bodenstedt

171 (137).

Weltverbesserung

„Zu ungleich ist's in dieser Welt,
Das Kleine muss vom Großen leiden –
Wie wäre alles wohlbestellt,
Wenn Gleichheit herrschte zwischen beiden!"

So klingt das Klagelied der Tadler,
Sie finden alles schlecht umher,
Die winzige Mücke schmäht den Adler,
Weil sie nicht fliegen kann wie er.
Der Riese soll wie Zwerge klein,
Der Zwerg so groß wie Riesen sein.

Verbessern wir der Schöpfung Fehler:
Hinfort soll Gleichheit sein auf Erden,
Die Berge sollen tief wie Täler,
Die Täler hoch wie Berge werden.

Was groß ist, soll sich nun verkleinern,
Besonders sich verallgemeinern,
Die Klugheit soll der Dummheit weichen,
Der Diamant dem Kiesel gleichen,
Und wenn das alles ist geschehn,
Ruft mich – das Wunder möcht' ich sehn!

Übersetzung: Friedrich von Bodenstedt

172 (138).

Ich kam in eine große Stadt

Ich kam in eine große Stadt,
Die manche böse Zung' hat,
Und über alles, über jeden
Hört' ich viel arge Dinge reden.
Die Leute schimpften aufeinander ganz unsäglich
Und lebten miteinander ganz erträglich.

Übersetzung: Friedrich von Bodenstedt

173 (139).

Rosen und Dornen

Ich habe eine Nachbarin
Mit guter Zung' und bösem Sinn.
Sie keift den ganzen Tag im Haus,
Zankt sich herum mit Mann und Maus.
Erhebt ihr guter Mann die Stimme,
Gleich fährt sie auf in wildem Grimme;
Und schweigt er streitesmüde still,
Zankt sie, weil er nicht zanken will.

Der beste Mensch wird manchmal zornig,
Kein Liebespaar kann immer kosen –
Die schönsten Rosen selbst sind dornig,
Doch schlimm sind Dornen ohne Rosen!

Übersetzung: Friedrich von Bodenstedt

174 (140).

Niemand hört dir gläubig zu

Niemand hört dir gläubig zu,
Wenn du beginnst: Ich bin klüger als du!

Drum; wenn du andre willst belehren,
Musst du dich erst zu ihnen bekehren.

Übersetzung: Friedrich von Bodenstedt

175 (141).

Nie kampflos wird dir ganz

Nie kampflos wird dir ganz
Das Schöne im Leben geglückt sein –
Selbst Diamantenglanz
Will seiner Hülle entrückt sein,
Und windest du einen Kranz:
Jede Blume dazu will gepflückt sein.

Übersetzung: Friedrich von Bodenstedt

176 (142).

Zweierlei lass dir gesagt sein

Zweierlei lass dir gesagt sein,
Willst du stets in Weisheit wandeln
Und von Torheit nie geplagt sein:
Lass das Glück nie deine Herrin,
Nie das Unglück deine Magd sein!

Übersetzung: Friedrich von Bodenstedt

177 (143).

Wer nie verließ der Vorsicht enge Kreise

Wer nie verließ der Vorsicht enge Kreise,
Und selbst aus seiner Jugend Tagen
Nichts zu bereun hat, zu beklagen:
Der war nie töricht – aber auch nie weise.

Übersetzung: Friedrich von Bodenstedt

178 (144).

Am leicht'sten schartig werden scharfe Messer

Am leicht'sten schartig werden scharfe Messer,
Doch schneidet man deshalb mit stumpfen besser?

Übersetzung: Friedrich von Bodenstedt

179 (145).

Geht mir mit eurem kalten Lieben

Geht mir mit eurem kalten Lieben.
Euch ward nie Lust noch Leid genug –
Wen Liebe nie zu weit getrieben,
Den trieb sie auch nie weit genug!

Übersetzung: Friedrich von Bodenstedt

180 (146).

Ein Mann, der liebt, darf nicht zu blöde sein

Ein Mann, der liebt, darf nicht zu blöde sein,
Abschreckend stets ist zuviel Blödigkeit!
Ein Weib, das liebt, darf nicht zu spröde sein,
Abschreckend stets ist zuviel Sprödigkeit!

Übersetzung: Friedrich von Bodenstedt

181 (147).

Wer ins Herz dir zielt, dich zu verletzen

Wer ins Herz dir zielt, dich zu verletzen,
Find' es, wie ein Bergwerk, reich an Schätzen.

Werfen Steine nach dir Feindeshände:
Wie ein Obstbaum reiche Früchte spende.
Sterbend, hohen Sinns der Muschel gleiche,
Die noch Perlen beut für Todesstreiche.

Übersetzung: Friedrich von Bodenstedt

182 (148).

Nun lass deine Klagen, du finstrer Gesell

Nun lass deine Klagen, du finstrer Gesell!
Denn wenn es noch lange so bliebe,
So würde dein Herz zur Klosterzell'
Und zum Mönche darin deine Liebe!

Du nimmst es zu schwer, und sie nimmt es zu leicht,
Da nützt dir kein Flennen und Härmen;
Glaub's: wenn sich bei dir mehr Kälte zeigt,
So wird sie sich bald mehr erwärmen!

Übersetzung: Friedrich von Bodenstedt

183 (149).

Fürcht' nicht, dass ich das Gemeine

Fürcht' nicht, dass ich das Gemeine
Und Rohe mich vertiefe,
Solange ich von gutem Weine
Und guten Witzen triefe.

Von manchem Liebesedelsteine
Der Glanz verborgen schliefe,
Wenn ihn der Duft von gutem Weine
Nicht in das Dasein riefe.

Wo bliebe der höchste Berg, wenn seine
Höhe bloß aufwärts liefe?
Zu Füßen wachsen ihm die Weine,
Er hält sich durch die Tiefe!

Und so erkenne du auch meine
Höhe in meiner Tiefe:
Solang ich sie bei gutem Weine
Durch guten Witz verbriefe!

Übersetzung: Friedrich von Bodenstedt

184 (150).

Als ich sang: Seid fröhlich mit den Frohen

Als ich sang: Seid fröhlich mit den Frohen,
Beuget euch nicht knechtisch vor den Hohen,
Seid nicht stolz und herrisch mit den Niedern –
Rühmte man die Weisheit in den Liedern.

Als ich nach der Weisheit wollte handeln:
Sagten sie, das sei ein töricht Wandeln!

Übersetzung: Friedrich von Bodenstedt

185 (151).

Als ich Schönheit, Lieb' und Wein besungen

Als ich Schönheit, Lieb' und Wein besungen,
Ist mir tausendstimmig Lob erklungen.

Als ich Schönheit, Lieb' und Wein genossen,
Mir mein Erdendasein zu verschönen:
Hat es plötzlich alle Welt verdrossen,
Hörte ich mich schmähen und verhöhnen.

O Mirza-Schaffy! Du Sohn Abdullahs,
Überlass die Heuchelei den Mullahs!
Folg' im Lieben und im Trinken immer
Schöner Augen, voller Gläser Schimmer!

Übersetzung: Friedrich von Bodenstedt

186 (152).

Sollen gut meine Lieder der Liebe gesungen werden

Sollen gut meine Lieder der Liebe gesungen werden:
Müssen perlende Becher in Liebe geschwungen werden,

Bis die Freude in uns wie eine Sonne aufgeht,
Davon die Sorgen, die Nebel des Geistes, bezwungen werden.

Rosen netzet der Tau, rosige Lippen der Wein –
So muss der Schönheit Geheimnis errungen werden!

Nur wo Liebe und Witz mit dem Becher sie schleift,
Mag der Schliff echter Versdiamanten gelungen werden,

Dass von der süßen Gewalt ihrer blendenden Glut
Alle fühlenden Herzen in Liebe umschlungen werden!

Also schufst du dein Lied, o Mirza-Schaffy!
Wie es geschaffen, so muss es gesungen werden:

Dass vor lauter Entzücken und Wonnegefühl
Närrisch die Alten und – weise die Jungen werden!

Übersetzung: Friedrich von Bodenstedt

187 (153).

Die lieblich tun mit allen will

Die lieblich tun mit allen will,
Die macht es keinem recht;
Die Tausenden gefallen will,
Gefällt nicht einem recht!

Übersetzung: Friedrich von Bodenstedt

188 (154).

Willst Welt und Menschen recht verstehen

Willst Welt und Menschen recht verstehen,
Musst du ins eigne Herz dir sehn.
Willst du dich selbst recht kennenlernen,
Musst du dich aus dir selbst entfernen.

Wer sich beurteilt nur nach sich,
Gelangt zu falschen Schlüssen –
Du selbst erkennst so wenig dich,
Als du dich selbst kannst küssen.

Übersetzung: Friedrich von Bodenstedt

189 (155).

Geh so stille du magst deine Wege

Geh so stille du magst deine Wege,
Es drückt dir die Zeit ihr Gepräge,
Es drückt ihr Gepräge die Welt
Auf dein Antlitz, wie Fürsten aufs Geld.

Übersetzung: Friedrich von Bodenstedt

190 (156).

In jedes Menschen Gesichte

In jedes Menschen Gesichte
Steht eine Geschichte,
Sein Hassen und Lieben
Deutlich geschrieben;
Sein innerstes Wesen
Es tritt hier ans Licht –
Doch nicht jeder kann's lesen,
Verstehn jeder nicht.

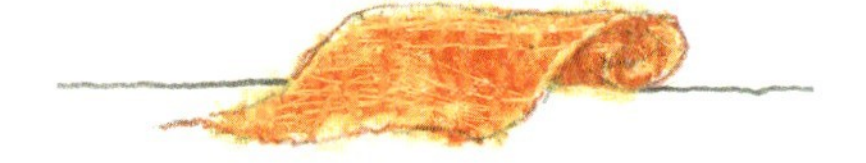

Übersetzung: Friedrich von Bodenstedt

191 (157).

Unterschied

Wir Menschen alle sind schuldbeladen;
Doch jeder, der sich selbst nur schädigt,
Ist seiner Schuld schon halb entledigt:
Gefährlich nur auf allen Pfaden
Sind Sünder, die auch andern schaden!

Übersetzung: Friedrich von Bodenstedt

192 (158).

Ursache und Wirkung

Der Glocke Schall
Ist wie ihr Metall, –
Und so ist's auch
Gleich unbewusst –
Mit dem tönenden Hauch
Der Menschenbrust.

Übersetzung: Friedrich von Bodenstedt

193 (159).

Der Weise kann des Mächtigen Gunst entbehren

Der Weise kann des Mächtigen Gunst entbehren
Doch nicht der Mächtige des Weisen Lehren.

Übersetzung: Friedrich von Bodenstedt

194 (160).

Wohl besser ist's ohn' Anerkennung leben

Wohl besser ist's ohn' Anerkennung leben
Und durch Verdienst des Höchsten wert zu sein,
Als unverdient zum Höchsten sich erheben,
Groß vor der Welt und vor sich selber klein.

Übersetzung: Friedrich von Bodenstedt

195 (161).

Hin zum Lichte drängt das Licht

Hin zum Lichte drängt das Licht,
Doch der Blinde sieht es nicht.

Übersetzung: Friedrich von Bodenstedt

196 (162).

Sammle dich zu jeglichem Geschäfte

Sammle dich zu jeglichem Geschäfte,
Nie zersplittre deine Kräfte!
Teilnahmsvoll erschließe Herz und Sinn,
Dass du freundlich andern dich verbindest –
Doch nur da gib ganz dich hin,
Wo du ganz dich wiederfindest!

Übersetzung: Friedrich von Bodenstedt

197 (163).

Der kluge Mann hält sich zurück

Der kluge Mann hält sich zurück
Und streift im Fluge nur das Glück;
Es immer zu erschöpfen
Ziemt nur den hohlen Köpfen,
Die glauben, dass dem Hochgenuss
Ein tiefer Fall stets folgen muss.

Der Biene gleiche, die sich labt
An holden Blumen duftbegabt;
Sie sagt auf ihrem Wandern
Nicht einer von der andern.

Übersetzung: Friedrich von Bodenstedt

198 (164).

Das Paradies der Erde

Das Paradies der Erde
Liegt auf dem Rücken der Pferde,
In der Gesundheit des Leibes
Und am Herzen des Weibes.

Übersetzung: Friedrich von Bodenstedt

199 (165).

Neujahrsbetrachtung

So sang Mirza-Schaffy den Freuden zu,
Da sich beschloss des alten Jahres Lauf:
Wir legten jeden Abend uns zur Ruh'
Und standen jeden Morgen wieder auf –
Des Morgens zogen wir uns sorgsam an,
Des Abends zogen wir uns sorgsam aus –
Was wir dazwischen sonst gestrebt, getan,
Ich glaube, viel kam nicht dabei heraus.
Das heißt, so fühl' ich in Bezug auf mich –
Wer stolzer von sich fühlt, der melde sich!

Übersetzung: Friedrich von Bodenstedt

200 (166).

Dass Weisheit nach der Anmut strebt

Dass Weisheit nach der Anmut strebt,
Hat man auf Erden oft erlebt,
Doch dass die Anmut gern ihr Ohr
Der Weisheit leiht, kommt seltner vor.

Übersetzung: Friedrich von Bodenstedt

201 (167).

Zwei Arten höh'rer Geister schuf Natur

Zwei Arten höh'rer Geister schuf Natur.
Die einen schön zu denken und zu handeln;
Die andern, voll Empfänglichkeit der Spur
Des Wahren und des Schönen nachzuwandeln.

Übersetzung: Friedrich von Bodenstedt

202 (168).

Die reine Frau ist wie ein frischer Quell

Die reine Frau ist wie ein frischer Quell,
Der uns entgegensprudelt klar und hell,
Wie eine lautre Gottesoffenbarung;
Er labt und freut uns nur, trägt keine Lasten,
Doch die sich beugen unter stolzen Masten,
Die Ström' und Meere schöpfen aus ihm Nahrung.

Übersetzung: Friedrich von Bodenstedt

203 (169).

Frauensinn ist wohl zu beugen_

Frauensinn ist wohl zu beugen,
– Ist der Mann ein Mann und schlau –
Aber nicht zu überzeugen:
Logik gibt's für keine Frau;
Sie kennt keine andre Schlüsse,
Als Krämpfe, Tränen und Küsse.

Übersetzung: Friedrich von Bodenstedt

204 (170).

Als ich noch jung war, glaubt' ich, alles daure

Als ich noch jung war, glaubt' ich, alles daure,
Dann sah ich: Alles wechselt, stirbt und flieht.
Doch ob mein Herz Verlornes viel bedaure,
Ein wechselvolles Los mir Gott beschied,
Glaubt doch mein Geist noch immer, alles daure,
Weil er das Bleibende im Wechsel sieht.

Übersetzung: Friedrich von Bodenstedt

205 (171).

Wie das Gewand um deine Glieder

Wie das Gewand um deine Glieder,
Schlingt sich der Reim um meine Lieder;
Schön mögen des Gewandes Falten sein:
Doch schöner muss, was sie enthalten, sein!

Übersetzung: Friedrich von Bodenstedt

206 (172).

Abschied von Tiflis

Schön bist du, fruchtreiche Kyrosstadt!
Schön sind deine Töchter und Söhne zumal!
Du Meer meiner Wonne, du Meer meiner Qual,
Drin mein Herz seine Perle gefunden hat:
Dich sing' ich, dich grüß' ich beim vollen Pokal!

Siehe, Felsen und Berge umschließen dich,
Befruchtende Wasser durchfließen dich,
Es wächst auf knorrigen Bäumen,
In grünen sonnigen Räumen
Dein süßer Feuerwein.
Es wälzen warme Quellen
Ihre wundertätigen Wellen
Aus rauhem Felsgestein.

Es klettern die Saklis, die grauen,
Rings aus dem grünen Plan
Die gelben Berge hinan.
Vom steilen Felshang schauen
Ruinen, Schlösser und Festen
Ist das weite Kyrostal,
Mit seinen stolzen Palästen
Und Häusern ohne Zahl
Und dem bunten Menschengewimmel
Auf Märkten und Basar –
Darüber wölbt sich klar
Der warme, blaue Himmel.

Und zu der Schönheit Throne
Viel luftige Balkone
und Galerien winden sich
Um deiner Häuser Reihn:
Auf den Balkonen finden sich
Allabendlich bei Mondenschein
Viel schmucke, schlanke Mädchen ein.
Sie lehnen über die Ränder,
Im Antlitz Huld und Süße –
Es flattern die bunten Gewänder,
Es zucken die kleinen Füße –
Der dunklen Augen Feuer
Blitzt durch die hellen Schleier…

Schön bist du, fruchtreiche Kyrosstadt!
Schön sind deine Töchter und Söhne zumal!
Du Meer meiner Wonne, du Meer meiner Qual!
Drin mein Herz seine Perle gefunden hat:
Dich sing' ich, dich grüß' ich beim vollen Pokal!

Übersetzung: Friedrich von Bodenstedt

Mirsa Schaffi

WASEH

Das vierte Buch

Werke, veröffentlicht im Buch
„Aus dem Nachlasse Mirza Schaffy`s“

Lieder der Liebe

207 (1).

Diese kleinen Liebeslieder

Diese kleinen Liebeslieder,
Die so leicht und lustig tönen,
Hallen Glück und Klage wieder;
Aus dem Herzen mancher Schönen.

Mancher Seufzer leicht entschwebte
Manche Träne ward zur Perle,
Während Herz und Hand erbebte
Wie im Windeshauch die Erle.

Hoch vom Himmel pflück' ich Sterne
Wie die Blumen von den Beeten;
Alles Schöne nah und ferne
Dient zum Schmucke dem Poeten.

Und so kreisen ganze Welten
In den Bahnen kleiner Lieder
Wagt's ein Krittler sie zu schelten:
Nun so schelten wir ihn wieder!

Übersetzung: Friedrich von Bodenstedt

208 (2).

Wir wandeln Alle den Weg zur Gruft

Wir wandeln Alle den Weg zur Gruft
Im Kampf mit Sorg' und Erdennot,
Wir atmen Alle dieselbe Luft,
Wir essen alle dasselbe Brot:
Nur Liebe überblüht die Kluft,
Die zwischen Sein und Nichtsein droht,
Dass wie gepflückter Blumen Duft,
Doch etwas überlebt den Tod!

Übersetzung: Friedrich von Bodenstedt

209 (3).

Wie dem Vogel sein Gefieder

Wie dem Vogel sein Gefieder,
Ward dem Sänger sein Gedicht:
Erste Liebe, erste Lieder,
Wie sie kamen weiß er nicht.

Übersetzung: Friedrich von Bodenstedt

210 (4).

Einst wollt' ich einen Kranz Dir winden

Einst wollt' ich einen Kranz Dir winden
Und konnte keine Blumen finden:
Jetzt find ich Blumen fern und nah,
Ach, aber Du bist nicht mehr da!

Übersetzung: Friedrich von Bodenstedt

211 (5).

Du, die so manche Stunde mir versüßte

Du, die so manche Stunde mir versüßte
Durch – ach! zu schnell, zu schnell – entschwund'nes Glück,
Du gingst, doch ließest Glut in mir zurück
Gleich einem Lagerfeuer in der Wüste,
Um das die lange Karawanenkette
Zum Ring sich schloss in schattiger Oase,
Und früh verließ die traute Lagerstätte,
Derweil das Feuer weiter glüht im Grase.

Übersetzung: Friedrich von Bodenstedt

212 (6).

Ich suche durch Mühen

Ich suche durch Mühen
Meine Gedanken von Dir zu lenken,
Aber sie glühen
Zu Dir ohne Wanken,
Ich muss Dein gedenken!
Wie nach der Sonne verlangen die Reben,
Verlangt's mich nach Dir, meine Sonne, mein Leben!

Übersetzung: Friedrich von Bodenstedt

213 (7).

Mein Verstand und armes Herz

Mein Verstand und armes Herz
Wandeln auf verschied'nen Wegen:
Dieses treibt mich liebewärts,
Jener mich der Lieb entgegen!

Mein Verstand ist sehr verständig,
Nennt mein armes Herz betört –
Doch dies Herz liebt so unbändig,
Dass es gar nicht auf ihn hört.

Übersetzung: Friedrich von Bodenstedt

214 (8).

Gib nie Dein Herz verloren

Gib nie Dein Herz verloren,
Wo sich kein's wiedergibt.
Der Mann zählt zu den Toren,
Der unerwidert liebt.

Wir schmücken und verschönern
Der Liebsten Herz und Haupt:
Ach! manches Herz klingt tönern,
Das wir von Gold geglaubt.

Übersetzung: Friedrich von Bodenstedt

Lieder vom Schwarzen Meer

215 (9).

Die Gletscher leuchten

Die Gletscher leuchten
Im Mondenlicht,
Und Tränen feuchten
Mein Angesicht;
Die Winde sausen,
Die Möwen schrein,
Die Wogen brausen –
Ich denke Dein!

Das Land entschwindet
Schon fern dem Blick,
Doch zu Dir findet
Mein Herz zurück;
Ich will ihm Schwingen
Des Liedes leihn,
Es soll Dir singen:
Ich denke Dein!

Übersetzung: Friedrich von Bodenstedt

216 (10).

Wie kommt mir, was mich einst entzückte

Wie kommt mir, was mich einst entzückte
Durch Liebesglut so dürftig vor,
Seit ich mein Herz an Deines drückte
Und Deins gewann und meins verlor!
Mein ganzes Sein ward umgewandelt
Wie aller Erdenschlacken bar –
Ich weiß nicht, ob ich recht gehandelt,
Doch weiß ich, dass ich selig war.
O süß Vergessen, süß Versinken,
Wenn Seele sich in Seele taucht,
Wenn Lippen Lebensodem trinken
Und Odem sich in Odem haucht:
Nicht in gemeiner Lust der Sinne,
Die flüchtig nur Genuss gewährt:
Es ward der Zauber unsrer Minne
Durch alles Herrlichste verklärt.
Wir blickten in der Erde Tiefen
Und spähten in des Himmels Höhn;
Wir weckten Wunder, welche schliefen,
Und lauschten seligstem Getön –
Und alles chöne nah und ferne:
Die linde Luft, des Mondes Pracht,
Der Blumen Duft, der Glanz der Sterne,
Schien alles nur für uns gemacht!
Die Gunst der Zeit ist nicht zu bannen,
Am schnellsten flieht das höchste Glück;

Ich kam, ward selig, zog von dannen,
Doch blieb ein Glanz von Dir zurück,
Der mir zu künftigem Glück auf Erden
Die sonst verhüllten Pfade zeigt,
Denn was einst war, kann wieder werden,
Wenn Dich aufs neu mein Arm erreicht.
Bis dahin mag die Zeit sich dehnen,
Als sei erlahmt ihr Flügelschwung;
Es liegt auch Glück in holdem Sehnen
Und leuchtender Erinnerung.
Kann Dich mein Arm nicht mehr erreichen,
Erreicht Dich mein Gedanke stets,
Und mir aus teuren Liebeszeichen
Wie Hauch aus Deinem Munde weht's.
Sieh', alle Sterne, die dort oben
Um Himmel kreisen seligen Scheins,
Sind aus Erinnerung geworden
An eine Zeit ureinigen Seins;
Getrennt nun zittern ihre Flammen
In holdem Auf- und Niedergehn:
Einst fliegen sie aufs Neu' zusammen,
Wie wir, wenn wir uns wiedersehn.
Da wird ein Glühn sein, ein Umarmen,
Ersatz für alles, was uns härmt,
Von Herz zu Herzen ein Erwarmen,
Das alle Schöpfung miterwärmt.
So küssen Himmel sich und Erde
Und neigen sich einander zu,
Dass selig Eins durchs And're werde,
Die Erde ich, der Himmel Du!

Übersetzung: Friedrich von Bodenstedt

217 (11).

Der Himmel schien mir aufgegangen

Der Himmel schien mir aufgegangen,
Ich wusste nicht wie mir geschah,
Als ich, in reiner Jugend Prangen,
Du holdes Weib zuerst Dich sah.
Dein bloßer Anblick war ein Segen,
Voll Andacht hab' ich aufgeschaut
Zu Dir – doch Du kamst mir entgegen,
Als wären wir uns längst vertraut.

Wir wurden's bald und als wir's waren,
Schien – so glückselig waren wir –
Ein neuer Geist in mich gefahren,
Der mich verklärt erhob zu Dir.
Ganz anders als in früh'ren Tagen
Empfand ich nun der Liebe Glück:
Vor dem, was kühn sonst zu erjagen
Mein Drang war, bebt' ich jetzt zurück.

Da gab's kein Bitten kein Verweigern,
Kein Stammeln wilder Leidenschaft,
Kein Sprödetun, die Glut zu steigern,
Kein Spiel der Schwachheit mit der Kraft:
Ich wünschte nichts, als Dich zu hüten
Rein, wie ich Dich zuerst erblickt;
Mein wusst' ich all die schönen Blüten,
Und keine wollt ich seh'n geknickt.

Und doch stand Herz und Herz in Flammen,
Oft günstig waren Zeit und Ort;
Das Schicksal selbst führt' uns zusammen,
Mein eigner Wille trieb mich fort.
Du durftest mir nicht angehören
Für immer, und ich wollte nicht
In einem Augenblick zerstören
Was nie mehr ganz wird wenn's zerbricht.

Gedenkst Du noch der Nacht im Garten,
Wo Du das Trennungswort vernahmst
Aus meinem Mund? Lang' musst' ich warten
Im nächtigen Dunkel, eh' Du kamst.
Mir selbst war bang vor Deinem Kommen –
Ob Pflicht mir auch mein Tun gebot,
Hab ich doch Deinen Schritt vernommen
Als ging's mit mir nun in den Tod.

Als Du die holdesten Gewalten
In der Gefühle Überschwang
Entfesseltest, um mich zu halten,
Und ich mich Deinem Arm entrang,
Dass nicht mein Glück Dein Unglück schaffte:
Wirr stürzt' ich fort durch Hain und Flur;
In mir und um mich war's als klaffte
Ein Riss durchs Herz und die Natur.

Der schwere Kampf ward ausgerungen –
Zu Deinem wie zu meinem Glück:
Denn nur das Niedre ward bezwungen
Und alles Höchste blieb zurück.
Doch hört' es Jeder, niemand glaubt' es!
Wir aber lernten uns verstehn,
Und dürfen hocherhob'nen Hauptes
Der Welt und uns ins Auge sehn.

Übersetzung: Friedrich von Bodenstedt

218 (12).

Wohl wandelt' ich heimliche Pfädchen

Wohl wandelt' ich heimliche Pfädchen
Und folgte manch lieblichem Kind,
Doch die georgischen Mädchen
So schön wie die thrakischen sind.

Doch war's nur ein Kommen und Schwinden
Dem Auge zur wechselnden Lust –
Wohl liebt' ich das Schöne zu finden,
Doch kalt blieb das Herz in der Brust.

Durch Dich erst erglüht es in Flammen:
Als Dein Herz sich meinem verwob
Schlug alles in Gluten zusammen,
Was früher in Funken zerstob.

Nichts außer Dir kann ich mehr finden,
Was Auge und Herz mir belebt:
Wie schnell alle Sterne verschwinden
Sobald sich die Sonne erhebt.

Übersetzung: Friedrich von Bodenstedt

219 (13).

Andre schlugen mir die Brücke

Andre schlugen mir die Brücke
– Wie man's nennt – zum höchsten Glücke
In der Liebe Zauberland,
Leicht und ohne Widerstand,
Ich betrat die schwanke, glatte,
Festen Fußes und Gesichts,
Doch, indem ich Alles hatte,
War mir's meist als hätt' ich Nichts.

Aber Du, mein süßes Leben,
Hast mir Nichts von dem gegeben,
Was man sonst als Höchstes preist;
Und doch fühl' ich Herz und Geist
Höh'ren Schwunges sich erheben
Seit ich Deine Huld gewann,
Als durch Alles was das Leben
Sonst an Schönem bieten kann.

Übersetzung: Friedrich von Bodenstedt

Verschiedene

220 (14).

Warum duften die Blumen in Feld und Au

Warum duften die Blumen in Feld und Au
So würzig in diesen Tagen?
Das frage Du eine schöne Frau,
Die kann es am besten sagen!

Was zauberhaft in Wald und Flur
Mich macht vor Wonne beben:
Ist liebliches Erinnern nur
An Dich, mein Herz, mein Leben!

Übersetzung: Friedrich von Bodenstedt

221 (15).

Wenn ich Dich seh' so lieb und hold

Wenn ich Dich seh' so lieb und hold
Auf mich die Blicke lenken,
Verwandelt sich in flüssig Gold
Mein Fühlen und mein Denken.

Und gehst Du, bleibt zurück in mir
Das goldene Vermächtnis:
D'raus gieß' ich schöne Bilder, Dir
Zu liebendem Gedächtnis.

Übersetzung: Friedrich von Bodenstedt

222 (16).

Im Garten fand ich eine seltne Blume

Im Garten fand ich eine seltne Blume,
Man ging vorüber, weil man sie nicht kannte,
Doch als ich sie beim rechten Namen nannte,
Da wusste Jeder viel zu ihrem Ruhme.
Die Welt ist urteilslos; sich zu erheben
Durch eig'nen Schwung, ward Wenigen gegeben.
Du reizendste der Frau'n! Dich so zu nennen,
Ziemt nur Erlesenen, die Dich ganz erkennen!

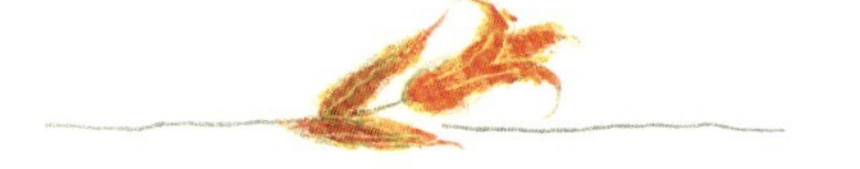

Übersetzung: Friedrich von Bodenstedt

223 (17).

Von hehren Frau'n viel weiß man zu erzählen

Von hehren Frau'n viel weiß man zu erzählen
Aus manchem längst entschwundenen Jahrhundert,
Sie werden immer neu von uns bewundert
Und mancher klagt, dass sie uns heute fehlen.
Sie fehlen nicht: Es fehlen nur die Männer,
Der echten Weiblichkeit urkundige Kenner.
Denn Alles, was man liebt an edlen Frauen,
Braucht Mannesblick, es richtig anzuschauen.
Ich habe solchen Blick, der falschen Schimmer
Von echtem Glanz zu unterscheiden weiß,
Und wo ich jemals weilte, fand ich immer
Ein Weib, das würdig meines Liedes Preis;
Doch soviel Holdes, wie in Dir verbunden,
Du Einzige, hab ich vordem nie gefunden!

Übersetzung: Friedrich von Bodenstedt

224 (18).

Wind und Wasser treiben Mühlen

Wind und Wasser treiben Mühlen,
Riesenwerke treibt der Dampf,
Stürm' und Fluten von Gefühlen
Treiben unser Herz zum Kampf.
Aber noch von größrer Stärke
Als Wind, Flut und Dampfeswerke,
Als die Kräfte all' im Bunde,
Ist ein Hauch aus holdem Munde.

Übersetzung: Friedrich von Bodenstedt

225 (19).

Ein Leben ohne Liebe

Ein Leben ohne Liebe
Ist wie Reben ohne Triebe;
Ein Leben ohne Glauben
Ist wie Reben ohne Trauben;
Drum, ob Dir sonst nichts bliebe,
Lass beides Dir nicht rauben!

Übersetzung: Friedrich von Bodenstedt

226 (20).

Die Rebe dehnt sich sonnenwärts

Die Rebe dehnt sich sonnenwärts,
Nach Liebe sich das Menschenherz:
Wem Licht und Liebe bleibt verloren,
Der wäre besser nie geboren!

Übersetzung: Friedrich von Bodenstedt

227 (21).

Ja, ich weiß es, liebes Mädchen

Ja, ich weiß es, liebes Mädchen,
Voll von Jammer ist dies Leben,
Elend sind wir Menschen alle.
Aber Stunden, liebes Mädchen,
Gibt es, wo der Jammer aufhört
Und das Herz uns blüht und duftet
Wie ein Blumenbeet im Frühling.
Solche Stunde, liebes Mädchen,
Dank' ich heute Deiner Nähe:
Möge Gott Dich dafür segnen
Und sie oft mir wiederholen!

Übersetzung: Friedrich von Bodenstedt

228 (22).

Alte Liebe

Einst hielt ich Dich umwunden
Mit jugendstarkem Arm:
Die Jugend ist verschwunden,
Doch schlägt mein Herz noch warm.

In meinem Lebensringe
Bist Du der Edelstein,
Und alles was ich singe,
Sing ich nur Dir allein!

Übersetzung: Friedrich von Bodenstedt

229 (23).

Jung einst sang ich dies

Jung einst sang ich dies,
Sang's durch Wald und Wiese:
Gibt's kein Paradies,
Gibt's doch Paradiese!
Heimlich manches Plätzchen
Mahnte mich daran,
Wo ich durch mein Schätzchen
Holde Gunst gewann.
Alt noch sing' ich dies,
Sing's durch Wald und Wiese:
Gibt's kein Paradies,
Gibt's doch Paradiese!
Welken muss die Blüte
In der Zeiten Flucht,
Aber im Gemüte
Bleibt die reife Frucht.

Übersetzung: Friedrich von Bodenstedt

Reben und Leben

230 (24).

Glutenhauch ist alles Leben

Glutenhauch ist alles Leben:
Hoch vom Himmel glüht es nieder,
Sich im ewigen Wandel wieder
Hoch zum Himmel zu erheben.
Aus dem Aug' der Liebe glüht es,
Aus der Purpurrose blüht es
Wie aus goldnem Saft der Reben.
Guter Wein zeugt, wie die Sonne,
Guten Geistern Licht und Wonne.
Was wir glühend in uns sangen,
Sprüht und funkelt aus den Augen,
Treibt mit Wunderkraft nach oben
Dass es Teil der Sonne werde:
So wird Irdisches erhoben,
So kommt Himmlisches zur Erde.
Keiner trinke, der nicht lerne,
Dass der Wein vom Himmel stammt,
Und durch unsre Augensterne
Wieder auf zum Himmel flammt.
So gibt er dem Geist die Schwingen,
Die ihn trägt zu ewigem Leben,
Und den Kreislauf aller Dinge
Und erklärt beim Saft der Reben.

Übersetzung: Friedrich von Bodenstedt

231 (25).

Sie sagen, ich lebe zu locker

Sie sagen, ich lebe zu locker,
Und das bringe dem Alter Gefahr;
Ihr albernen Stubenhocker
Mein Leben bleibt wie's war!
Lehrt eure trockene Tugend
Dem nüchternen Geschlecht;
Noch keiner starb in der Jugend,
Wer bis zum Alter gezecht.

Übersetzung: Friedrich von Bodenstedt

232 (26).

Ein Mullah auf verbot'nen Wegen

Ein Mullah auf verbot'nen Wegen
Trat mit der Frage mir entgegen:
„Wie kommt's, dass man Dich niemals findet,
Mirza-Schaffy in der Moschee?"
Weil mir schon alle Andacht schwindet
Wenn ich Dich nur von ferne seh!

Übersetzung: Friedrich von Bodenstedt

233 (27).

Lautern Wein noch zu erläutern

Lautern Wein noch zu erläutern
Scheint nur törichtes Bemühn:
Auch die Sterne sieht man glühn
Und fragt nach ihren Deutern.

Rätselhaft ist aller Orten
Alles Schönste, wunderbar;
Machen's Worte auch nicht klar,
Doch versucht's man gern mit Worten.

Mag beredter auch für Jeden
Schöner Augen Liebesschein,
Als die schönsten Worte sein:
Ward uns doch der Mund zum Reden.

Und was Blicke offenbaren,
Schwindet schnellen Flugs dahin,
Während Worte ihren Sinn
Fernster Nachwelt noch bewahren.

Übersetzung: Friedrich von Bodenstedt

234 (28).

Wenn wer Beweise noch bedürfte

Wenn wer Beweise noch bedürfte,
Wie schnell ein Volk zu Grunde geht,
Das nicht aus Wein Begeist'rung schlürfte,
Nur mit dem Schwert im Bunde geht;

Seht auf die Länder bis zum Ganges,
Seht auf die Völker von Byzanz,
Und hört, wie immer trüben Klanges
Von ihrem Fall die Kunde geht.

Erloschen sind die Lichtaltäre
Der alten Zeit; wo blieb ein Ort,
Der Licht und Heil uns noch gewähre,
Wo nicht der Wein die Runde geht?

In Prachtmoscheen lasst Gläub'ge beten
Um einst'gen Lohn im Paradies:
Wir haben einen Pfad betreten,
Wo man zu besserm Funde geht.

Wir suchen Glück bei Lieb' und Weine,
Und feiern guten Fund im Lied,
Das herzerfreuend wie das Deine,
Hafis! von Mund zu Munde geht.

Übersetzung: Friedrich von Bodenstedt

235 (29).

Hier unter Rebenranken

Hier unter Rebenranken
Sing ich Dir neue Ghaséle,
Du Seele meiner Gedanken,
Gedanke meiner Seele!

Mein Herz geht ganz wie Deines
In Feuer auf, Du weißt es!
Hier atm' ich Geist des Weines
Und schenke Wein des Geistes!

Hier schöpf' ich aus dem Bronne
Des Nehmens und des Gebens –
Du Leben meiner Wonne,
Du Wonne meines Lebens!

Übersetzung: Friedrich von Bodenstedt

236 (30).

Wir sollen Ebenbilder Gottes sein

Wir sollen Ebenbilder Gottes sein,
Doch wie das möglich, geht dem Geist nicht ein,
Den das gemeinste irdische Bedürfnis
So oft bringt mit sich selber in Zerwürfnis.
Wir sind es nicht, und können's auch nicht werden
So lang' der Geist in Staub gehüllt auf Erden;
So lang' er dieses tier'schen Leibes Bürde
Muss tragen, stets im Kampf mit seiner Würde.
Will sich der Geist empor zum Himmel schwingen
Hält ihn der Leib in Frohn von niedern Dingen.
Doch lenkt zum Niedrigsten der Geist den Schritt,
So muss der Geist, sei's auch der größte, mit.
Und wer, auch wenn ihn selbst die Sorge flieht,
Ist glücklich, wenn er Andre leiden sieht?
Drum machen wir uns nicht zum Ziel des Spottes
Als – oft gar närr'sche – Ebenbilder Gottes,
Und bis dem Geist wird eine neue Häutung,
Genüg' uns unsere menschliche Bedeutung.

*

Mirza-Schaffy, du lenkst den Blick zum Glase,
Wie Pilger in der Wüste zur Oase.
Wo Bücherstaub uns trübt des Blickes Klarheit,
Da waschen wir ihn weg im Wein der Wahrheit.
So lernen wir des Lebens Rätsel lösen,
Den Unterschied vom Guten und vom Bösen.

Wir sehn: klar wie der Wein muss das Gefäß sein,
Soll er dem Blick wie dem Geschmack gemäß sein.
Ein Wink genügt den Klugen, für die Toren,
Mirza-Schaffy, gib gern Dein Wort verloren!

Übersetzung: Friedrich von Bodenstedt

237 (31).

Gestern kam zu mir ein Schüler

Gestern kam zu mir ein Schüler,
Der sich redlich stets beflissen
Als gelehrter Bücherwühler
Alles und noch mehr zu wissen.

Jeden Spruch der Weisheit schreibt er
Gleich mit Bleistift auf ein Täflein,
Und die Sprüche vor sich treibt er
Her, wie Hirten ihre Schäflein.

Eifrig wollt' er von mir lernen,
Wie man's macht, um für die Sprüche
Glanz zu borgen von den Sternen
Und von Blumen Wohlgerüche:

Da er lange sich schon härmte,
Dass, trotz seines Fleißes Blüte,
Keine Schönheit für ihn schwärmte
Und kein Stern für ihn erglühte.

Und ich sprach zu dem Gesellen:
Lass die Bücher, die nichts taugen:
Blick' in reine Bergesquellen,
Blick' in klare Kinderaugen.

Lern vom blüh'nden Rosenstrauche,
Wie er laue Lenzeslüfte

Ganz berauscht im Wonnehauche
Seiner unsichtbaren Düfte.

Geh' der Nachtigall zu lauschen,
Wenn sie singt beim Sternenglanze,
Hör des Bergstroms nächtlich Rauschen,
Und im Kleinsten sieh das Ganze.

Lass vom Schönen Dich erfüllen,
Liebesglut Dein Herz durchdringen:
Kannst Du's dann im Lied enthüllen,
Wird's zu andern Herzen klingen!

*

Ob es helfen wird, Gott weiß es!
Aber kaum steht's zu erwarten:
Als Gebilde bloßen Fleißes
Wuchs nie eine Ros' im Garten!

Übersetzung: Friedrich von Bodenstedt

238 (32).

Mirza-Schaffy, Du weißt es

Mirza-Schaffy, Du weißt es,
Und kamst, es zu verkünden:
Im Wein nur lässt des Geistes
Geheimnis sich ergründen.

Durchgeistigter Naturquell,
Aus Nacht zum Licht gedrungen,
Ist Wein ein Teil vom Urquell,
Dem einst das All entsprungen.

Er scheucht die bösen Dünste,
Die unser Hirn umtrüben,
Und lehrt statt falscher Künste
Die echte Kunst uns üben.

Das Schönste und das Größte
Im Himmel und auf Erden
Ist: wo sich Starres löste,
Ganz wieder Geist zu werden.

Viel Schwätzer sind zu finden;
Du rede nicht vergebens;
Gibst Du ein Wort den Winden
So sei's ein Wort des Lebens!

Übersetzung: Friedrich von Bodenstedt

239 (33).

Was aus sonnigen Bezirken

Was aus sonnigen Bezirken
Stammt, muss sonnig auf uns wirken.

Kraft zu gutem Wort und Werke
Zeug' in uns des Weines Stärke!
Mag er niederen Geschöpfen
Dunst erzeugen in den Köpfen:
Uns soll er in allen Fällen
Seine Wunderkraft bewähren:
Herz und Auge zu erhellen,
Trübe Stunden zu verklären.

Oft des Lebens überdrüssig
Wird der beste Mensch auf Erden:
Vieles im Gehirn ruht müßig
Und zeugt Störung und Beschwerden,
Bis ein guter Wein es flüssig
Macht, ein Trost und Heil zu werden.

Übersetzung: Friedrich von Bodenstedt

240 (34).

Der Himmel predigt Allen

Der Himmel predigt Allen
Beim goldnen Saft der Reben:
Man trinkt nicht um zu fallen,
Man trinkt sich zu erheben.

Doch siehst Du Jemand fallen,
Lass ihn nicht hilflos sinken:
Einmal geschieht's wohl Allen
Ein Glas zu viel zu trinken!

Übersetzung: Friedrich von Bodenstedt

241 (35).

Unter dem Geschlecht von heute

Unter dem Geschlecht von heute
Immer seltner werden Leute,
Die nicht bloß nach Golde wühlen,
Sondern auch für Höh're fühlen,
Und ihr Bestes und ihr Meistes
Setzen auf Gewinn des Geistes.
Nur in trauter Unterhaltung,
Wenn der Wein verscheucht die Sorgen,
Kommt zu blühender Entfaltung
Was in tiefer Brust verborgen,
Dass ein Wunder uns geschieht
Wie der taubenetzten Blume,
Die aus dunkler Ackerkrume
Ihre duft'ge Blüte zieht.

Übersetzung: Friedrich von Bodenstedt

242 (36).

Leben und Sterben

In der Weltflut des Verderbens,
In der Zeit Zerstörungshauch,
Freunde, denken wir des Sterbens,
Aber doch des Lebens auch!

Wenn ein Gott uns lädt zu Gaste
Zu den Freuden dieser Welt,
Wäre nicht ein Tor der faste,
Wo so reich das Mahl bestellt.

Beut der Wirt was uns ersprießlich,
Nehmen wir was er uns beut,
Denn der Wirt wird leicht verdrießlich,
Wenn den Gast das Mahl nicht freut.

Toren sind die Freudenhasser,
Denn was lebt, das soll gedeihn;
Labt den Einen kühles Wasser;
Labt den Andern kühler Wein.

Drückt uns oft die Sorge bleiern
In des Tagwerks schwerem Gang:
Lass uns froh am Abend feiern,
Denn das Leben währt nicht lang.

Sind wir Tags des Lebens Sklaven,
Sein wir feine Herrn zur Nacht:

Keiner weiß, wer sich zum Schlafen
Niederlegt, ob er erwacht.

Keiner weiß, zu welcher Stunde
Welchen Wegs er geht von hier:
Drum bis dahin froh im Bunde
Trinken, lieben, leben wir!

Übersetzung: Friedrich von Bodenstedt

Buch der Sprüche

243 (37).

Der Weise nennt mit Ehrfurcht Gottes Namen

Der Weise nennt mit Ehrfurcht Gottes Namen,
Er weiß, dass er das Wesen nicht erfasst;
Der Tor malt Gottes Bild wie es zum Rahmen
Des engen Torenhimmels passt.

Übersetzung: Friedrich von Bodenstedt

244 (38).

Der predigt von des Lebens Nichtigkeit

Der predigt von des Lebens Nichtigkeit,
Und Jener von des Lebens Wichtigkeit;
Hör' beides wohl, mein Sohn, und merke Dir:
Halb hat's mit beiden seine Richtigkeit.

Übersetzung: Friedrich von Bodenstedt

245 (39).

Wie Seel' und Leib sind Perl' und Muschel Eins

Wie Seel' und Leib sind Perl' und Muschel Eins,
Doch ist es eine Einheit nur des Scheins:
Erst wenn gesprengt die Hülle, offenbart
Die Perle ganz den Lichtglanz ihren Seins.

Übersetzung: Friedrich von Bodenstedt

246 (40).

Ward vom Blitz ein Baum entzündet

Ward vom Blitz ein Baum entzündet,
Bald stand er in lichten Flammen:
Doch sein Untergang verkündet
Gluten, die vom Himmel stammen.

Übersetzung: Friedrich von Bodenstedt

247 (41).

Im Leben wie in der Dichtung

Im Leben wie in der Dichtung
Hat jeder Geist seine Richtung
Zur Höhe oder zur Tiefe:
Bei den Meisten ist's eine schiefe.

Übersetzung: Friedrich von Bodenstedt

248 (42).

Wie kommt bei Vielen das schiefe Denken

Wie kommt bei Vielen das schiefe Denken,
Die reich doch mit Verstand beschenkt?
Man kann sich das Gehirn verrenken
Wie man die Beine sich verrenkt.

Übersetzung: Friedrich von Bodenstedt

249 (43).

Nicht von außen bloß kann man kommen

Nicht von außen bloß kann man kommen
Was uns fördern soll und frommen:
Wer empfänglich nicht von innen,
Kann von außen Nichts gewinnen.

Flur und Wüsten tränkt die Sonne
Aus dem gleichen Strahlenbronne, –
Doch nur wohlbestelltem Lande
Schafft sie Segen blüh'nden Lebens:
Dem verweh'nden Wüstensande
Leuchtet ihre Glut vergebens!

Übersetzung: Friedrich von Bodenstedt

250 (44).

Zwei Dinge sind schädlich für Jeden

Zwei Dinge sind schädlich für Jeden,
Der die Stufen des Glücks will ersteigen:
Schweigen wenn Zeit ist zu reden,
Und reden wenn Zeit ist zu schweigen.

Übersetzung: Friedrich von Bodenstedt

251 (45).

Mit jedem Hauch entflieht ein Teil des Lebens

Mit jedem Hauch entflieht ein Teil des Lebens,
Nichts beut Ersatz für das was Du verloren;
Drum suche früh ein würdig Ziel des Strebens:
Es ist nicht Deine Schuld dass Du geboren,
Doch Deine Schuld wenn Du gelebt vergebens!

Übersetzung: Friedrich von Bodenstedt

252 (46).

Den Dornpfad von der Wiege bis zum Grab

Den Dornpfad von der Wiege bis zum Grab
Muss jeder gehn, ob mit, ob ohne Stab:
Die Einen unterscheiden sich von Andern
Nur durch die Art wie sie durchs Leben wandern.

Übersetzung: Friedrich von Bodenstedt

253 (47).

Wohl dem, der, wenn er menschlich ausgeduldet

Wohl dem, der, wenn er menschlich ausgeduldet,
Kann sagen vor dem Scheiden von der Erde:
Ich habe mehr gelitten als verschuldet,
Und hoffe, dass es künftig besser werde!

Übersetzung: Friedrich von Bodenstedt

254 (48).

Kein Mensch ist unersetzbar

Kein Mensch ist unersetzbar,
Wie hoch man ihn auch hebt,
Doch jeder uns unschätzbar,
Der so für uns gelebt,
Dass, wird er uns entrissen,
Wir schmerzlich ihn vermissen.

Übersetzung: Friedrich von Bodenstedt

255 (49).

Von weicher Seide prallt

Von weicher Seide prallt
Zurück die scharfe Klinge –
Sanftmut wirkt größ're Dinge
Als schneidende Gewalt.

Übersetzung: Friedrich von Bodenstedt

256 (50).

Wer über And're Schlechtes hört

Wer über And're Schlechtes hört,
Soll es nicht weiter noch verkünden;
Gar leicht wird Menschenglück zerstört,
Doch schwer ist Menschenglück zu gründen.

Übersetzung: Friedrich von Bodenstedt

257 (51).

Der Schritt, den Du getan

Der Schritt, den Du getan
Auf Deiner Lebensbahn
Zum Unglück oder Glück,
Du tust ihn nie zurück,
Und seine Folgen werden
Dir zum Gericht auf Erden.

Übersetzung: Friedrich von Bodenstedt

258 (52).

Handle so, wie Du kannst wollen

Handle so, wie Du kannst wollen,
Dass auch And're handeln sollen.

Übersetzung: Friedrich von Bodenstedt

259 (53).

Spar', wenn du liebst, des Mundes Hauch

Spar', wenn du liebst, des Mundes Hauch,
Und brauch' ihn nur am rechten Orte:
Wie helles Feuer wenig Rauch,
Hat wahre Liebe wenig Worte.

Übersetzung: Friedrich von Bodenstedt

260 (54).

Kopf ohne Herz macht böses Blut

Kopf ohne Herz macht böses Blut:
Herz ohne Kopf tut auch nicht gut;
Wo Glück und Segen soll gedeihn,
Muss Kopf und Herz beisammen sein.

Übersetzung: Friedrich von Bodenstedt

261 (55).

Du liebst die Luft, die zu Dir weht

Du liebst die Luft, die zu Dir weht
Voll Wohlgeruch von Flur und Beet:
So freu Dich auch, gibt Dir ein Mund
Den guten Leumund And'rer kund.
Du fliehst die Luft, die schwerbeschwingt
Dir Dunst aus Moor und Sümpfen bringt:
So flieh auch aus des Schwätzers Kreis,
Der Schlechtes nur von And'ren weiß.

Übersetzung: Friedrich von Bodenstedt

262 (56).

Die Freundlichkeit der Menschen höh'rer Art

Die Freundlichkeit der Menschen höh'rer Art
Hat leider oft bei Niedern schweren Stand;
Denn wo er seine Macht nicht offenbart,
Wird selbst der Mächtigste nicht anerkannt:
Man fürchtet nur die schon entflammte Glut,
Nicht jene, die im Holz noch schlummernd ruht.

Übersetzung: Friedrich von Bodenstedt

263 (57).

Schwer ist's, feurige Geister zu zügeln

Schwer ist's, feurige Geister zu zügeln;
Schwerer noch: träge zu beflügeln.

Übersetzung: Friedrich von Bodenstedt

264 (58).

Zürnt, Freunde, nicht, wenn Spötter euch verlachen

Zürnt, Freunde, nicht, wenn Spötter euch verlachen,
Erwidert lächelnd ihren Spott, und wisst:
Der Spötter Witz kann nichts verächtlich machen,
Was wirklich nicht verächtlich ist.

Übersetzung: Friedrich von Bodenstedt

265 (59).

Du schüttelst Deinen Kopf und fragst gerührt

Du schüttelst Deinen Kopf und fragst gerührt:
„Hat man Dich wieder einmal angeführt?“
Ja Freund, so ist's, und das ist schlimm, allein
Muss denn einmal betrogen sein auf Erden,
So will ich lieber doch betrogen werden,
Als selber ein Betrüger sein.

Übersetzung: Friedrich von Bodenstedt

266 (60).

Wer Nichts zu tun hat, findet niemals Zeit

Wer Nichts zu tun hat, findet niemals Zeit,
Weist alles von sich mit geschäft'gen Mienen;
Wer ernstlich wirkt und schafft, ist stets bereit
Auch Andern gern mit Rat und Tat zu dienen.

Übersetzung: Friedrich von Bodenstedt

267 (61).

Heil Dem, der Gutes tut des Guten willen

Heil Dem, der Gutes tut des Guten willen,
Bloß um den eignen Herzensdrang zu stillen;
Doch darfst Du füglich auch die Andern loben,
Die Gutes tun den Blick gekehrt nach Oben.

Wenn Gutes nur recht viel geschieht auf Erden,
So soll der Grund kein Grund zum Tadel werden!

Übersetzung: Friedrich von Bodenstedt

268 (62).

Nehmt hin mit Weinen oder Lachen

Nehmt hin mit Weinen oder Lachen
Was euch das Schicksal gönnt:
Kein König kann euch glücklich machen,
Wenn ihr es selbst nicht könnt!

Übersetzung: Friedrich von Bodenstedt

269 (63).

Die von Fürsten verliehene Herrlichkeit

Die von Fürsten verliehene Herrlichkeit
Wird gerne geehrt und gelitten;
Doch für Gaben, die Gott und Natur verleiht,
Hat der Mensch um Verzeihung zu bitten.

Übersetzung: Friedrich von Bodenstedt

270 (64).

Die Menschen reden allerlei von Dir

„Die Menschen reden allerlei von Dir,
Mirza-Schaffy, sie loben und sie lästern:
Heut sprach ein Mann von Dir viel Gutes mir,
Doch eine böse Rede hört' ich gestern."

Ich sprach: Wer mich nicht tadelt ins Gesicht,
Macht mich in eig'ner Schätzung nicht geringer;
Verächtlich ist, wer als Verleumder spricht,
Doch noch verächtlicher der Hinterbringer.
Denn der Verleumder schießt den gift'gen Pfeil
Unschädlich ab, weit hinter meinem Rücken –
Der Hinterbringer nimmt ihn auf in Eil',
Und kommt, ihn freundlich mir ins Herz zu drücken.

Übersetzung: Friedrich von Bodenstedt

271 (65).

Da in der Achtung dieser Welt

Da in der Achtung dieser Welt
So mancher Wicht wird hochgestellt,
Gilt mir nur der als rechter Mann,
Der ehrlich selbst sich achten kann.

Übersetzung: Friedrich von Bodenstedt

272 (66).

Wo Edles und Gemeines sich bekriegen

Wo Edles und Gemeines sich bekriegen,
Wird nur zu häufig das Gemeine siegen,
Weil ihm das schlecht'ste Mittel nicht zu schlecht ist,
Sein Ziel der Vorteil nur und nicht das Recht ist.

Übersetzung: Friedrich von Bodenstedt

273 (67).

Weisheit macht glücklich, doch die größte Summe

Weisheit macht glücklich, doch die größte Summe
Der Weisheit schafft zugleich die größten Leiden.
Am glücklichsten auf Erden ist der Dumme,
Mag auch kein Weiser ihn darum beneiden!

Übersetzung: Friedrich von Bodenstedt

274 (68).

Schaff', als ob des Lebens Rot

Schaff', als ob des Lebens Rot
Nie von Deinen Wangen schwände,
Aber leb', als ob der Tod
Schon vor Deiner Türe stände!

Übersetzung: Friedrich von Bodenstedt

275 (69).

Leicht ist's, Ehr' und Wohlstand erben

Leicht ist's, Ehr' und Wohlstand erben,
Aber schwer, sie zu erwerben.
Ein behagliches Genießen
Mag ererbtem Gut entsprießen,
Und der Ahnen lange Reihe
Stolz die Brust der Enkel heben:
Doch dem Leben rechte Weihe
Kann nur eignes Schaffen geben.

Übersetzung: Friedrich von Bodenstedt

276 (70).

Mirza-Schaffy, was hältst Du von dem Glauben

„Mirza-Schaffy, was hältst Du von dem Glauben?"
– Von welchem? –
„Nun das kommt auf Eins heraus!"
– Man soll in dem, den er beglückt, nicht rauben,
Dient ihm der Glaube als ein schützend Haus.
Doch zielt er feindlich aus dem Haus nach Andern,
Die friedlich ihre eignen Wege wandern,
So setzt er selbst sich der Vergeltung aus;
Dem Glauben wie dem Gläubigen ziemt Bezirkung,
Denn nichts ist heilig bei unheiliger Wirkung.

Übersetzung: Friedrich von Bodenstedt

277 (71).

Dass diese Erde ein Jammertal

Dass diese Erde ein Jammertal,
Das wissen wir leider allzumal;
Doch treibt den Jammer aus kein Jammern
Aus den bedrängten Herzenskammern:
Drum, wer ihm nicht will unterliegen,
Muss kämpfen, um ihn zu besiegen:
Denn unser Ziel muss sein auf Erden
Den Jammer möglichst loszuwerden,
Statt salbungsvoll durch dunkle Lehren
Des Lebens Trübsal noch zu mehren.

Übersetzung: Friedrich von Bodenstedt

278 (72).

Kein Volk bequemt sich einem Glauben an

Kein Volk bequemt sich einem Glauben an:
Der Glaube muss dem Volk sich anbequemen,
Und der Prophet muss sein ein Wundermann,
Mag er, woher er will, die Wunder nehmen.

Das Christentum gilt nichts wo es entstand:
Im Kampf hob es der Islam aus dem Sattel.
Das Reich des Kreuzes ist das Abendland,
Das Reich des Halbmonds ist das Reich der Dattel.

Drum hallt von Widerspruch der Glaubensmund –
Doch willst du Wahres von dem Falschen trennen,
Denk an das große Wort im Neuen Bund:
An ihren Früchten sollt ihr sie erkennen!

Übersetzung: Friedrich von Bodenstedt

279 (73).

Mehr freu'n wir uns der Sterne Pracht

Mehr freu'n wir uns der Sterne Pracht,
Als glüh'nder Mittagssonne Klarheit,
In die wir nicht zu blicken wagen
Ein Irrtum, der uns glücklich macht,
Ist besser als die volle Wahrheit,
Die wir zu schwach sind zu ertragen.

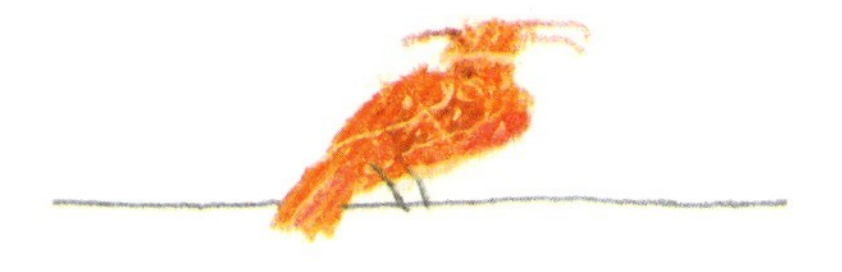

Übersetzung: Friedrich von Bodenstedt

280 (74).

Kein Weg ist so weit im ganzen Land

Kein Weg ist so weit im ganzen Land
Als der von Herz und Kopf zur Hand!

Übersetzung: Friedrich von Bodenstedt

281 (75).

Die Mühe muss vor dem Besitze kommen

Die Mühe muss vor dem Besitze kommen:
Was leicht gegeben wird, wird leicht genommen.

Übersetzung: Friedrich von Bodenstedt

282 (76).

Was dumm erscheint im Anbeginn

Was dumm erscheint im Anbeginn,
Woran kein Weiser sich beteiligt:
Rollt ein Jahrtausend drüber hin,
Erscheint's ehrwürdig und geheiligt,
Und, bringt es den Verstand auch ins Gedränge,
Wirkt es doch mächtig auf die Menge.

Übersetzung: Friedrich von Bodenstedt

283 (77).

Alles will heute im Fluge verdienen

Alles will heute im Fluge verdienen,
Von Sittlichkeitsbedenken frei,
Und auf den Länder verbindenden Schienen
Dampft man an Glück und Tugend vorbei.

Übersetzung: Friedrich von Bodenstedt

284 (78).

Klugheit wagt keinen hohen Flug

Klugheit wagt keinen hohen Flug,
Hält sich in sicherm Gleise,
Ihr eignes Wohl ist ihr genug –
Weisheit zieht größ're Kreise.
Der weise Mann ist selten klug
Und der kluge selten weise.

Übersetzung: Friedrich von Bodenstedt

285 (79).

Was Du tun sollst, tu'

Was Du tun sollst, tu'
Ohne Rast und Ruh',
Sei's auch noch so schwer!
Doch was gegen Pflicht
Dich verlockt, tu' nicht,
Lockt's auch noch so sehr!

Übersetzung: Friedrich von Bodenstedt

286 (80).

Arbeit, edle Himmelsgabe

Arbeit, edle Himmelsgabe,
Zu der Menschen Heil erkoren,
Nie bleibt ohne Trost und Labe,
Wer sich Deinem Dienst geschworen.
Dir entspringt des Weisen Labe,
Und die Dich meiden nur die Toren;
Ungestützt von Deinem Stabe,
Ach, wie oft wär' ich verloren!
Lass mich, edle Himmelsgabe,
Treu Dir bleiben bis zum Grabe!

Übersetzung: Friedrich von Bodenstedt

287 (81).

Die Eltern, die von ihrer Tochter scheiden

Die Eltern, die von ihrer Tochter scheiden,
Beraten wie zur Hochzeit sie zu kleiden,
Sie auszustatten mit ersparten Gaben:
Denn in der Welt gilt meist nur was wir haben:
Und so sorgt Jeder für ein Angebinde,
Wenn er sich trennen muss von seinem Kinde.
Doch wenn's zur letzten großen Trennung kommt,
Muss jeder selbst sich schaffen was ihm frommt,
Um übers Grab hinaus ein gut Gedächtnis
Der Welt zu hinterlassen als Vermächtnis.

Übersetzung: Friedrich von Bodenstedt

288 (82).

Der weise Bidpai hat gesagt

Der weise Bidpai hat gesagt:
Drei Dinge gibt's, die ich nicht lobe,
Weil ungestraft sie Keiner wagt:
Auf mächtiger Fürsten Freundschaft bauen,
Den Weibern ein Geheimnis anvertrauen,
Und Gift zu trinken bloß zur Probe.

Übersetzung: Friedrich von Bodenstedt

289 (83).

Vielen ward ein trübes Los

Vielen ward ein trübes Los,
Die durch Geist erfreun und Witz:
Nur aus dunkler Wolken Schoß
Flammt der Himmel seinen Blitz.

Übersetzung: Friedrich von Bodenstedt

290 (84).

Alles Größte ist mir nichtig

Alles Größte ist mir nichtig,
Dem der Kern des Ewigen fehlt;
Alles Kleinste ist mir wichtig,
Das der Schönheit sich vermählt.

Übersetzung: Friedrich von Bodenstedt

291 (85).

Ich drang aus tiefer Nacht zur Klarheit

Ich drang aus tiefer Nacht zur Klarheit,
Da Herz und Geist mir Schwingen lieh;
Durch Poesie kam ich zur Wahrheit,
Durch Wahrheit auch zur Poesie.

Übersetzung: Friedrich von Bodenstedt

292 (86).

Klug zu reden ist oft schwer

Klug zu reden ist oft schwer;
Klug zu schweigen meist noch mehr.

Übersetzung: Friedrich von Bodenstedt

293 (87).

Überall und allezeit

Überall und allezeit,
Machte sich die Dummheit breit;
Das unmenschliche Geschwätz
Straft kein menschliches Gesetz:
Darum sandte Gott die Dichter
Als der Menschheit höh're Richter,
Nicht zu singen bloß wenn's mait,
Wie die Vögel in den Bäumen,
Sondern auch von Zeit zu Zeit
Mit der Dummheit aufzuräumen.

Übersetzung: Friedrich von Bodenstedt

294 (88).

Menschen, deren Sinn nicht grade

Menschen, deren Sinn nicht grade,
Wandeln gern auch krumme Pfade,
Haben Freude nicht an Dingen,
Die ohn' Umschweif zu erringen,
Schleichen gern durch Hinterpforten,
Reden nie mit klaren Worten;
Stets ist ihre Meinung eine
Anschmiegsame jeweilige –
Das sind große oder kleine
Wunderliche Heilige.

Wenn sie nur in Hütten wohnen,
Mögen sie unschädlich sterben;
Aber steh'n sie nah den Thronen,
Wird's den Völkern zum Verderben.

Übersetzung: Friedrich von Bodenstedt

295 (89).

Wer voll Vertrau'n und Glauben ist

Wer voll Vertrau'n und Glauben ist,
Gilt als ein wunderlicher Christ;
Doch wer von Allen Schlechtes denkt,
Voll Misstrau'n Schritt' und Blicke lenkt:
Den preisen gern weltkluge Männer
Als Menschenkenner.

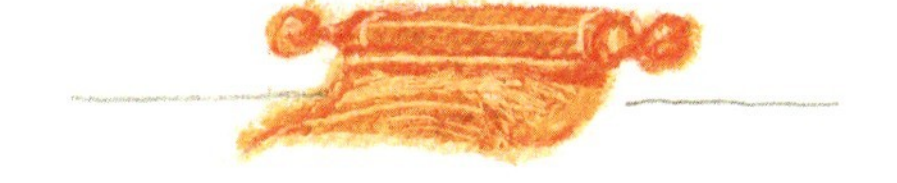

Übersetzung: Friedrich von Bodenstedt

296 (90).

Unmut, die dem Geiste eigen

Unmut, die dem Geiste eigen,
Muss in Werk und Wort sich zeigen;
Nicht von Außen nur von Innen
Ist die Unmut zu gewinnen.

Übersetzung: Friedrich von Bodenstedt

297 (91).

Zum Lohn und Schmuck dem ernsten Werke

Zum Lohn und Schmuck dem ernsten Werke
Aus Blumen windet man den Kranz;
Die Weisheit gibt der Unmut Stärke,
Die Unmut gibt der Weisheit Glanz.

Übersetzung: Friedrich von Bodenstedt

298 (92).

O Geist der Dichtung, göttliche Gabe, Du

O Geist der Dichtung, göttliche Gabe, Du
Deckst mit Blumen den Abgrund des Lebens zu;
Du beutst Weihe der Freude und Balsam dem Schmerz,
Ziehst goldene Fäden vom Himmel ins Herz,
Auf dass schon hinieden ein Abglanz der Klarheit
Uns werde vom Urborn des Lichts und der Wahrheit.

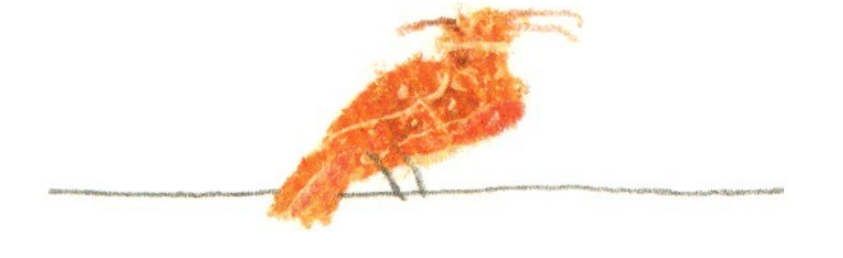

Übersetzung: Friedrich von Bodenstedt

299 (93).

Von Vergnügen zu Vergnügen

Von Vergnügen zu Vergnügen
Rastlos eilen hin und her,
Ist ein eitles Selbstbetrügen
Und bald kein Vergnügen mehr.

Übersetzung: Friedrich von Bodenstedt

300 (94).

Wenige Menschen nur finden die Brücke

Wenige Menschen nur finden die Brücke
Zwischen der Tugend und irdischem Glücke,
Unten gähnt eine drohende Kluft,
Und für die Meisten wird sie zur Gruft.

Übersetzung: Friedrich von Bodenstedt

301 (95).

Wer Tugend übt, dafür belohnt zu werden

Wer Tugend übt, dafür belohnt zu werden,
Such' einen andern Schauplatz als auf Erden!

Übersetzung: Friedrich von Bodenstedt

302 (96).

Im Bestreben uns zu trösten

Im Bestreben uns zu trösten
Schießt man leicht vorbei am Ziel;
Ist in uns der Schmerz am größten,
Hören wir auf Trost nicht viel.
Eh' vorbei die schlimmsten Stunden,
Kommt das Trösten stets zu früh;
Sind sie glücklich überwunden,
Lohnt es sich nicht mehr der Müh'.

Übersetzung: Friedrich von Bodenstedt

303 (97).

Ein Derwisch brachte mir vom Ganges

Ein Derwisch brachte mir vom Ganges
Einst diese Blume des Gesanges:
„Die Seide, die Dich sanft umschmiegt,
Vom niedern Wurm ward sie gesponnen,
Das Gold in dem Dein Anseh'n liegt,
Aus dunklem Schoß ward es gewonnen.
Doch Schmuck und Gold, so schwer es wiegt,
Ist wie gewonnen, so zerronnen,
Der Geist allein, der lichtwärts fliegt,
Hat Ursprung aus des Lichtes Bronnen –
Der Geist ist's, der die Welt besiegt,
Das All durchleuchtend wie die Sonnen."

Übersetzung: Friedrich von Bodenstedt

304 (98).

Wenig große Lieder bleiben

Wenig große Lieder bleiben,
Mag ihr Ruhm auch stolzer sein,
Doch die kleinen Sprüche schreiben
Sich ins Herz des Volkes ein;
Schlagen Wurzel, treiben Blüte,
Tragen Frucht und wirken fort:
Wunder wirkt oft im Gemüte
Ein geweihtes Dichterwort.

Übersetzung: Friedrich von Bodenstedt

Zypressen und Rosen

305 (99).

Nun wieder die Zeit kam der Rosen

Nun wieder die Zeit kam der Rosen,
Komm' Alles, was rosig, zusammen,
Wir bringen die Lippen, die losen
Mit Allem, was kosig, zusammen.
Es kommen bei Wein und bei Rosen
Selbst Häupter, schon moosig, zusammen.

Übersetzung: Friedrich von Bodenstedt

306 (100).

Die Wetter lasst stürmen und tosen

Die Wetter lasst stürmen und tosen,
Und Blitze den Wolken entflammen:
Wir singen von menschlichen Losen,
Die freundlichen Mächten entstammen.
Wir setzen bei Wein und bei Rosen
Die Herzen der Schönsten in Flammen:
Wo selig uns Engel umkosen,
Da kann uns kein Teufel verdammen!

Übersetzung: Friedrich von Bodenstedt

307 (101).

Jasmin und Flieder duften durch die Nacht

Jasmin und Flieder duften durch die Nacht,
Kein Lüftchen regt das Laub an Busch und Baum;
Die Sterne schwimmen in demantner Pracht
Auf stiller Flut, die Welt liegt wie im Traum:
Nur aus der Nachtigall geweihter Kehle
Haucht die Natur den Wohllaut ihrer Seele.

Wer denkt der Stürme nun, die ausgetobt,
Wer auch der Stürme, die uns noch bedräun?
Das tapfre Herz, in manchem Sturm erprobt,
Mag doppelt sich der heiligen Ruhe freun.
Wem solche Nacht nicht Ruhe bringt und Frieden,
Dem blüht kein Glück und Segen mehr hienieden.

Übersetzung: Friedrich von Bodenstedt

308 (102).

Es haucht ins feine Ohr der Nacht

Es haucht ins feine Ohr der Nacht
Die Nachtigall ihr Maienlied;
Rings alles ruht, nur Liebe wacht,
Man sieht sie nicht, die alles sieht.
Rein spiegelt sich die Herrlichkeit
Des Himmels in des Stromes Lauf,
Und alles Lebens Widerstreit
Löst sich in Licht und Wohlklang auf.

Übersetzung: Friedrich von Bodenstedt

309 (103).

Die Nachtigall, als ich sie fragte

Die Nachtigall, als ich sie fragte
Warum sie nicht mehr singe, sagte:
Ich singe nur, wenn süß bewegt
Mein Herz voll Drang nach Liebe schlägt:
Seit ich, was ich gesucht, gefunden,
Ist Sehnsucht und Gesang verschwunden:
Doch wenn aufs Neu Jasmin und Flieder
Im Garten blüh'n, dann sing ich wieder.

Übersetzung: Friedrich von Bodenstedt

310 (104).

Nur zitternd in des Bergstroms wilder Flut

Nur zitternd in des Bergstroms wilder Flut
Vom Himmel spiegelt sich der Sonne Glut;
Erst wenn vertieft und stiller wird sein Lauf,
Nimmt er das Bild des Himmels klarer auf.
So auch im stürm'schen Jugendherzen bricht
Sich noch verwirrt der ew'gen Wahrheit Licht,
Das, wenn die Wogen sich gelegt, ihr Bild
Im Herzen widerspiegelt klar und mild.

Übersetzung: Friedrich von Bodenstedt

311 (105).

Tag und Nacht

Wo ist Schönheit mehr zu finden:
In des Tages glüh'nder Pracht?
Oder in der weichen, linden
Zaubervollen Mondennacht?

Tag und Nacht hält sich die Waage,
Wie sich beides senkt und hebt:
Glücklich ist, wer schöne Tage,
Auch wer schöne Nächte lebt.

Sinkt der Tag, der goldnen Krone
Und des Purpurkleids beraubt:
Setzt die Nacht auf dunklem Throne
Sich die Silberkron' aufs Haupt.

Und wer dann der Göttin Gnade,
Ihrer Gunst sich rühmen mag,
Findet Glück auf stillem Pfade,
Wie's nicht kennt der laute Tag.

Aber wer im nächt'gen Grauen
Kummermüden Blickes wacht,
Wird ins Taglicht lieber schauen
Als ins dunkle Aug' der Nacht.

Übersetzung: Friedrich von Bodenstedt

312 (106).

Das Leben ist ein flücht'ger Hauch

Das Leben ist ein flücht'ger Hauch,
Sagt Jussuf, und das sag ich auch,
Doch deuten wir den Spruch verschieden,
Denn Jussufs Hauch wird gern gemieden,
Weil ihm die kurze Lebensfrist
Nur Grund zu Spott und Lästern ist,
Statt ihn zu spornen zum Bestreben
Dem flücht'gen Leben Wert zu geben,
Wie edler Blumen Duft und Würze
Uns freut trotz ihres Daseins Kürze.
Sie prägen mir die Lehre ein
Und deuten mir den Sinn des Spruchs:
Mag nur ein Hauch das Leben sein,
Sei's dich ein Hauch des Wohlgeruchs!

Übersetzung: Friedrich von Bodenstedt

313 (107).

Die Lippen sind des Lebens Pforten

Die Lippen sind des Lebens Pforten,
Der Leib ist sein vergänglich Haus;
Im Hauch gestaltet sich's zu Worten,
Im Hauche zieht es ein und aus.

Und was wir denken, was wir reden
Im Dienste einer höhern Macht:
Es wird zum Schicksalswort für Jeden,
Der es gesagt, der es gedacht.

Übersetzung: Friedrich von Bodenstedt

314 (108).

Nie versäume des Augenblicks

Nie versäume des Augenblicks
Gunst und Gelegenheit:
Was er dir heute geboten
Beut er Dir morgen nicht mehr.
Dem siegreich vom Kampfe
Heimkehrenden Krieger,
Geschwärzt noch vom Rauche
Und Staube der Schlacht,
Jauchzt Alles entgegen
Mit Blumen und Kränzen;
Doch eh' sie verwelkt sind,
Ist er selbst schon vergessen,
Denn nach Neuem verlangt
Jeder kommende Tag,
Sieh die Braut dort im Schleier
Und Schmucke der Schönheit,
Wie Alles ihr nachspäht,
Als schiene sie Jedem
Ein reizvolles Rätsel.
Doch wenn der Schleier gefallen
– Und lebte sie länger
Als weiland Sara,
Die noch mit neunzig Jahren
Glückliche Mutter ward –
Nimmer werden ihr wieder
Soviele Blicke

Blendender Huldigung
Als im bräutlichen Schmucke. –
Gestern lud mich ein Freund
Zu frohem Gelage
In schattiger Laube
Beim schimmernden Springquell.
Ich Trauernder ging nicht;
Doch ungebeten
Kam zu ihm der Tod.
Völlig gebeugt nun,
Von zwiefacher Trauer,
Muss ich den Teuern
Suchen im Schatten
Grabüberragender
Dunkler Zypressen.

Übersetzung: Friedrich von Bodenstedt

315 (109).

Als, zwischen Gräbern wandernd, wir

Als, zwischen Gräbern wandernd, wir
Den Schatten suchten der Zypressen,
Wies einen neuen Grabstein mir
Mirza-Schaffy und sprach gemessen:

Hier liegt ein reicher Mann begraben,
Gerühmt ob seiner frommen Gaben:
Der Armen hat er zwar nie gedacht,
Doch Alles den reichen Moscheen vermacht.

Übersetzung: Friedrich von Bodenstedt

316 (110).

Zur Wahrheit führen rauhe, dunkle Bahnen

Zur Wahrheit führen rauhe, dunkle Bahnen.
Erst spät erfüllt sich was wir früh schon ahnen.
Wir sind des Lebens Schuldner: jeden Tag
Schickt es als Boten, an die Schuld zu mahnen, –
Und bis sie ganz getilgt ist, bleiben wir
Des Irrtums, unsres Zwingherrn Untertanen.

Übersetzung: Friedrich von Bodenstedt

317 (111).

Jedweder hat auf Erden seine Sendung

Jedweder hat auf Erden seine Sendung,
Der zur Belehrung, Jener zur Verblendung.
Die Menge liebt das Blendwerk, doch der Kluge
Weiß, Klugheit zeigt sich nicht in Geistverschwendung
Du lass Dich nie von falschem Schein betören
Und strebe, wenn auch irrend, nach Vollendung.

Übersetzung: Friedrich von Bodenstedt

318 (112).

Die Zypresse

Die Zypresse ist der Freiheit Baum,
Nie zur Erde die Zweige senkt sie:
Empor zum lichten Himmelsraum
Ragt und die Blicke lenkt sie.

Schlank ist ihr Wuchs und fein ihr Laub,
Und keine Fruchtlast beugt sie;
Ihr Schmuck wird nicht des Winters Raub,
Von höherm Dasein zeugt sie.

Frei von dem lauten Weltgewühl
Den stillen Friedhof schmückt sie;
In ihrem Schatten ruht sich's kühl,
Den Blick vom Staub' entrückt sie.

So ragt sie wie ein grüner Turm
Der Hoffnung in die Ferne –
Tief unter ihr nagt der Grabeswurm,
Hoch über ihr leuchten die Sterne.

Übersetzung: Friedrich von Bodenstedt

319 (113).

Agni

Du lockst den Klang
Mit holdem Zwang
Aus leisem Schlaf hervor,
Und Deiner Hand entsrömt Gesang
Bezaubernd Herz und Ohr;
Der Klänge Flut schwillt an zum Meer
Und stimmt das Herz bald leicht, bald schwer,
Und tausend Sterne spiegeln klar
In dieser Flut sich wunderbar.
Und aus den Wogen wundermild
Aufsteigt mit manch geliebtes Bild.
So wogst Du in den Tönen fort,
Und aus dem Wohllaut atmet Friede,
Und jeder Ton wird mir zum Wort,
Und Wort um Wort eint sich zum Liede.
So sprang dies Lied aus Deinen Händen,
Um wieder sich zu Dir zu wenden,
Da alles wieder dahin strebt,
Woher es kam, wodurch es lebt.

Übersetzung: Friedrich von Bodenstedt

320 (114).

Mondenglanz

Ein Auge unter schwarzer Braue
Blitzt durchs Gewölk der Mond mich an,
Und wie ich aufwärts zu ihm schaue,
Hält er mich fest in seinem Bann.
Macht mich durch sein erborgt' Gefunkel
Augenblick vergessen ganz,
Dass hinter jenem Wolkendunkel
Viel Sterne glühn von echter'm Glanz.
Und größ'rer Schönheit als die seine;
Denn wo der Tag sein Recht verlor,
Da glänzt dem Großen stets das Kleine
Am Himmel wie auf Erden vor.

Übersetzung: Friedrich von Bodenstedt

321 (115).

Abschied von Nau-Assiâb

Hoch schwebt der Mond am Himmelsdom,
Die Nacht ist schwül wie vor Gewittern;
Zum letztenmal seh ich den Strom
Im nächt'gen Glanz der Wellen zittern.
Ein Schiff zieht wie ein Schattenbild
Vorüber, rote Lichter funkeln,
Ein leichter Flor deckt das Gefild
Bis wo die fernen Waldhöhn dunkeln.
Die Flut wälzt ihren Silberschaum
Zum Uferkies mit leisem Rauschen –
Ich stehe still wie Busch und Baum,
Verloren ganz in Sehn und Lauschen.
Und in mir steigt Erinn'rung auf
An mancher Mondnacht schöne Stunden,
Die rasch mir wie der Wellen Lauf
An diesem trauten Strand entschwunden.
Längst schwieg im Hain der Vögel Sang,
Im Sturm zerstob des Frühlings Blüte –
Doch was in Aug' und Ohr mir drang,
Lebt unvergänglich im Gemüte.

Übersetzung: Friedrich von Bodenstedt

Morgenländische Gestalten und Geschichten

322 (116).

Timur

„Wehe Dem, der im Zerstören
Und in Leichen Ruhm nur sucht!
Gott wird sein Gebet nicht hören
Und sein Name wird verflucht!“

Also klang's einst Timur düster,
Und der kleine Liederspruch
Bringt den großen Weltverwüster
Mit sich selbst in Widerspruch.

„Lasst den Sänger zu mir kommen!“
Rief er und der Sänger kam:
„Deinen Spruch hab' ich vernommen,
Fühlst du jetzt nicht Reu' und Scham?“

„Was bereun? Warum mich schämen?
Mein Gesang ist Gottes Hauch.“
– „Ich kann Dir das Leben nehmen!“ –
„Weiter Nichts? Das kann ich auch:

Das kann auch der Wüstentiger,
Selbst ein Stein, der fällt vom Dach:
Strebt der mächt'ge Weltbesieger
Keinem bessern Ruhme nach?“ –

Timur stand in tiefem Sinnen,
Sprach zum Sänger dann: „Da nimm

Diesen Ring und eil' von hinnen
Eh' auf's Neu' erwacht mein Grimm!"

Aber Timur seit der Stunde
Siechte bis der Tod ihn brach,
Immer aus des Sängers Munde
Klangen ihm die Worte nach:

„Wehe Dem, der im Zerstören
Und in Leichen Ruhm nur sucht!
Gott wird sein Gebet nicht hören
Und sein Name wird verflucht!"

Übersetzung: Friedrich von Bodenstedt

323 (117).

Der Sufi

Ein alter Sufi von so heiliger Art
Dass Gott sich oft ihm sichtbar offenbart,
Sprach einst zum Herrn: „O würde doch das Heil,
Das ich in Dir fand, Andern auch zuteil!
Gern möcht' ich alle Menschen glücklich sehn,
Die ohne Dich den Pfad des Unheils gehn,
Verwirrten Aug's in ihr Verderben rennen
Und an Dir zweifeln, weil sie Dich nicht kennen:
Wie Du Dich offenbarend mir erschienen,
O Herr, ich fleh' Dich an, so tu's auch ihnen!"
Gott sprach: „Wer mich nicht fühlt, kann mich nicht sehn,
Und kein Verstand allein kann mich verstehn,
Das Herz ist Urborn aller höchsten Güter,
Verstand ist nur ihr Pfleger und Behüter,
Und jedes Menschen Schicksal wird gestaltet
Wie der Verstand des Herzens Gut verwaltet.
Das Feuer schläft in jedem Zweig und Stamme,
Doch erst wenn mann es weckt, springt es auf als Flamme;
So ruht in jedem Menschenherzen still
Glut, Jedem leuchtend der mich finden will.
Doch nicht durch Zwang will ich die Menschen leiten
Von stürm'scher Zweifel Meer zum sichern Hafen;
Mag jeder sich sein Schicksal selbst bereiten:
Ich bin ein Gott der Freien, nicht der Sklaven!"

*

Mag Gott auch, wie er will, uns immer nah sein:
Kein grübelnder Verstand begreift sein Dasein,
Wenn nicht das Herz, von höh'rer Glut entzündet,
Erleuchtend dem Verstande sich verbündet.

Übersetzung: Friedrich von Bodenstedt

324 (118).

Ibrahim, der Sohn Abdulla's

Ibrahim war stets beflissen
Tugendpfade zu betreten,
Doch von Gott will er nichts wissen
Und noch weniger vom Propheten:
Denn die Mullah's, sagt er, haben
Allen Glaubens ihn entledigt
Durch die Art wie sie dem Knaben
Schon von Gottes Zorn gepredigt.
Einige finden das ergötzlich,
Andre doch erwarten stündlich
Dass der Zorn des Himmels plötzlich
Treffe den Ungläubigen gründlich.
Und gar viele sind bekümmert,
Dass nicht längst der Weltengründer
Lieber gleich die Welt zertrümmert
Als zu schonen jenen Sünder.
Doch Gott sprach: Der Sohn Abdulla's
Mag sein Heil allein versuchen:
Lieber ist er mir als Mullah's,
Die in meinem Namen fluchen!

Übersetzung: Friedrich von Bodenstedt

325 (119).

Omar

Omar, da er lag im Sterben,
Stand umringt von seinen Erben,
Die laut jammerten und klagten,
Doch auch viel zum Trost ihm sagten
Von der Lust des Paradieses
Nach dem Schmerz des Erdenlebens.
Drauf zur Antwort sprach er dieses:

Kinder, redet nicht vergebens!
Muss ich heut zur Grube fahren,
Glaubt mir, bin ich schon zufrieden,
Wenn man noch nach dreißig Jahren
Freundlich meiner denkt hienieden!

Übersetzung: Friedrich von Bodenstedt

326 (120).

Der Wüstenheilige

Ein Wüstenheiliger und Faster
Kam eines Tags zu Zoroaster
Und klagte ob der Welt Verderbnis:
Da mehr auf Güter dieser Erde
Der Menschen Sinn gerichtet werde
Als auf des Himmelsguts Erwerbnis.
Der Wüstenheil'ge sprach: Ich büßte
Schon zwanzig Jahre in der Wüste,
Von Wurzeln lebt' ich nur und Wasser,
Ward aller Erdenfreuden Hasser,
Kasteite täglich meine Glieder,
Und doch kam die Versuchung wieder,
Als auf dem Wege zu Dir heute
Ich sah das Leben andrer Leute,
Die sich in schattigen Lustgebäuden
Und Gärten freun der ird'schen Freuden:
Drum will ich gleich zur Wüste kehren,
Mich der Versuchung ganz zu wehren,
Denn Weltflucht nur und Selbstkasteiung
Führt von der Sünde zur Befreiung. –
Drauf Zoroaster: Nun, so geh,
Obwohl ich keinen Nutzen seh,
Die uns von Gott verlieh'nen Gaben
Im Wüstensande zu vergraben.
Viel heiliger scheint es mir fürwahr,
Den Wüstensand durch tätig Handeln
In blühend Fruchtland umzuwandeln!
Wer einen Baum pflanzt in die Wüste,
Tut besser, als wer zwanzig Jahr
Sich selbst kasteiend darin büßte.

Übersetzung: Friedrich von Bodenstedt

327 (121).

Der Derwisch

Saß am Weg ein Derwisch, als der König
Zog vorüber mit viel hundert Reitern,
Seiner Macht gefürchteten Begleitern.
Und die Menge grüßte jubeltönig,
Ehrfurcht dem Gewaltigen bezeugend,
Tief sich bis zur Erde vor ihm beugend.
Als die Reiter nun den Derwisch sah'n,
Wie er still saß bei des Herrschers Nah'n,
Rief der Führer, da er nahgekommen:
Will der Mann des Schweigens sich befleißen,
Lasst die Zung' ihm aus dem Munde reißen! –
Doch der König, der das Wort vernommen,
Wollte wissen was der Mann verbrach;
Rief ihn zu sich, und der Derwisch sprach:
„Als der Feind vor Kurzem brach herein,
Und der Führer ritt vor seinem Heer,
Hört' ich auch die Menge jubelnd schrein,
Ihm so huldigend, wie jetzt Dir, noch mehr!
Siegreich hast Du bald den Feind vertrieben,
Doch der Menge Schreilust ist geblieben.
Wie ich damals schwieg, so schwieg ich heute,
Ohne Furcht, wie man mein Schweigen deute,
Denn noch niemals ließ ich von der närr'schen
Wankelmüt'gen Menge mich beherrschen,
Die wie eine Herde, wenn der Hirt
Nicht zugegen, stets ins Wilde irrt.
Meine Treue trag' ich nicht im Munde,
Doch sie wohnt, Herr, tief im Herzensgrunde.
Willst Du herrschen über blinde Sklaven
Und erscheint mein Schweigen Dir als Schuld:

Töte mich, denn Du hast Macht zu strafen;
Deines Urteils harr' ich in Geduld!" –
Doch der König ließ den Derwisch leben,
Schenkt' ihm gar ein Ehrenkleid, und bat
Ihn in manchem wicht'gen Fall um Rat,
Den der Derwisch stets so klug gegeben,
Dass der König ihn zum Freunde machte
Und gar oftmals heimlich bei sich dachte:
Welch' ein Glück, dass ich den Mann gerettet,
Der ins Bett der Ehre mich gebettet!
Denn er streute großer Zukunft Samen
Durch mein ganzes Reich in meinem Namen,
Den man neiden wird, so lange Fürsten
Nach dem Ruhme wahrer Größe dürsten,
Statt nach Schmeichelei und Volksgeschrei
Ihre Herrscherwürde zu bemessen. –
Und der König hieß: Schah Kerbelai,
Und der Derwisch hieß: Uly ben Jessen.

Übersetzung: Friedrich von Bodenstedt

328 (122).

Ben Jemin*

Ben Jemin, der Sänger, fragte
Ein Johanniswürmchen einst,
Das er glühen sah und funkeln:
„Sprich, warum Du nur im Dunkeln,
Aber nie am Tage scheinst?“
Und das Würmchen sprach: „Ich scheine
Auch am Tage, doch ihr seht,
Bis die Sonne untergeht,
Nur ihr Licht und nicht das meine!“

Übersetzung: Friedrich von Bodenstedt

* Ben Jemin Amir Fachraddin Mahmud gehört zu den Dichtern des 13. Jahrhunderts. Ben Jemins Vater war ein Staatsfunktionär und ein herausragender türkischer Feldherr der aserbaidschanischen Elkhaniden-Dynastie. Er wurde von den Elkhaniden nach Nischapur geschickt, wo Fachraddin Mahmud geboren wurde und aufgewachsen ist.

329 (123).

Der Mullah

Ein alter Mullah hörte einst in Ruh
Dem Toben seines bösen Weibes zu,
Die außer sich, dass er so ruhig blieb,
In ihrer Wut es ganz unmenschlich trieb.
Da endlich, satt des wüsten Lärmens, stand
Er auf, nahm einen Spiegel von der Wand
Und ließ sie drin ihr grimmes Antlitz schauen;
Vor diesem Anblick schien ihr selbst zu grauen:
Sie stand mit off'nem Munde starr und stumm
Wie vor Beschämung, kehrte dann sich um
Und hatte rasch den Weg zur Tür gefunden,
Verließ das Zimmer, war und blieb verschwunden.

*

Mirza-Schaffy, so spiegeln Deine Lieder
Wohl mancher Menschen närr'sches Treiben wider.
Und wer nicht ganz verstockt in trotz'ger Starrheit,
Sieht er sein Bild, schämt sich wohl seiner Narrheit.

Übersetzung: Friedrich von Bodenstedt

330 (124).

Sadi und der Schah

Sadi war einst zum Hof des Schah gekommen
Und ward vom Volk mit Jubel aufgenommen;
Mit Jubel auch empfing man ihn am Hofe,
Vom Schah herab bis zu der letzten Zofe.
Doch Neider suchten schlau sich zu bemächtigen
Des Herrscherohrs, um Sadi zu verdächtigen,
Der arglos wandelte, bald ernst, bald heiter
Wie ihn der Geist trieb, seine Schritte weiter.
Geheim ward gegen ihn der Schah gewonnen,
Mit Lügen und mit Ränken so umsponnen,
Dass es des Herrschers Urteil völlig störte,
Weil er nichts Rechtes sah, nur Falsches hörte.
Da ließ er plötzlich seine Herrscherstimme
Sadi vernehmen, wie ein Feind im Grimme;
Doch als der Dichter ihm ins Antlitz sah,
Erbangte vor dem eig'nen Wort der Schah;
Allein er glaubte seiner Herrschergröße
Sich zu begeben, zeigt' er eine Blöße.
Drum ließ er die Verleumder zu sich rufen,
Die tief sich neigten vor des Thrones Stufen,
Und mit dem Herrn auf tiefe Pläne sannen,
Vom Hof des Schah den Dichter zu verbannen.
Da ging durchs Volk ein Murren und Gesumm,
Und alle Klugen sprachen: „Das war dumm,
Denn neigt ein Fürst sich der Verleumdung huldig,
So macht er sich selbst der Verleumdung schuldig;

Das Mittel, der Verleumder sich zu wehren,
Ist, sie wie Unrat aus dem Haus zu kehren."
Als er bedeutet ward, den Hof zu meiden,
Gab Antwort Sadi: „Leicht wird mir das Scheiden.
Ein Mann, der nach dem Wahren strebt und Rechten,
Ist ein lebendiger Vorwurf für die Schlechten:
Drum wohl begreif' ich der Verleumder Neid,
Und nicht um sie tut mir das Scheiden leid,
Denn nicht gekommen bin ich ihretwegen:
Ich kam, weil freundlich mich der Schah gebeten
Und auf der Hand sein Herz mir trug entgegen,
Sonst hätt' ich wahrlich nie den Hof betreten,
Denn wenig Gutes hört man in den Schulen
Von Weisen, die um die Gunst der Mächtigen buhlen:
Doch stehn mit goldner Schrift im Buch der Ehren
Die Fürsten, die befolgen weise Lehren."

Übersetzung: Friedrich von Bodenstedt

331 (125).

Sadi's Lob der Weisheit

Als Sadi war geschieden vom Palaste
Und schüttelte den Staub von seinen Füßen
Sprach er zum Volk, das kam ihn zu begrüßen:
Wer nicht zu seines Gleichen geht zu Gaste,
Muss stets gewärtig sein dafür zu büßen,
Denn eignen Brauch sieht man in jedem Kreise
Und jeder Stand rühmt seine eigne Weise.
Was stets Verständigen als klug gegolten,
Wird, wo es unverstanden bleibt, gescholten.
Ein freches Wort erfreut die freche Dirne,
Doch Schatten wirft es auf der Unschuld Stirne.
Wo Schmutz und Reinheit sich die Hände reichen,
Wird gern die reine Hand der schmutzigen weichen.
Nur Toren laufen gern der Torheit nach.
Als Sadi seine Rede so geendet,
Trat einer aus dem Volke vor und sprach:
Wer sagt Dir, dass Du selber nicht verblendet?
Von Deiner Weisheit seh' ich keine Frucht,
Denn Deine Gegner trieben Dich zur Flucht,
Die sich in Ehrenkleidern und Palästen
Des Lebens freun, und Gold und Güter haben,
Gesegnet sind mit allen ird'schen Gaben.
Dir aber, scheint mir, geht es nicht zum Besten:
Du hast nicht Haus noch Hof, nicht Magd noch Knecht:
Was soll den Mächtigen Deine Weisheit nützen,
Die selbst Dich kann vor Mangel kaum beschützen!

Gab lächelnd Sadi Antwort:
Du hast Recht!
Weisheit hat keinen Lockreiz für Gemüter,
Die nur gerichtet sind auf ird'sche Güter:
Sie wandelt heimatlos umher, als hätte
Für sie die Erde keine sich're Stätte,
Und doch ist sie die Richterin der Welt
Und alles Höchste ist auf sie gestellt.
Sie führt nicht zum Besitz von Gut und Gold,
Doch alle guten Geister sind ihr hold;
Denn nur auf Wahrheit ist ihr Blick gerichtet
Und unentweiht hält sie ihr Heiligtum:
Nur der Verdiente findet bei ihr Ruhm,
Doch wen ihr Urteil trifft, der ist vernichtet:
Der Große stirbt in Schmach, der Kleine klanglos.
Muss auch vor äuß're Macht sich Schwäche beugen,
So hat der Weisheit Macht doch bess're Zeugen,
Denn die vor ihr sich beugen, tun es zwanglos!

Übersetzung: Friedrich von Bodenstedt

332 (126).

Fürst Abbas

Fürst Abbas, vom Stamme der Chasaren,
Brachte Manchen schuldlos in die Grube;
Weisem Rate feind, und unerfahren
Herrscht er wie ein gottverlassner Bube.
Jede kleinste Pflicht ward ihm zur Bürde,
Doch unsäglich plagt' er seine Diener,
Ganz erstarrt in seiner Herrscherwürde
Wie ein Gott auf Erden sich erschien er.
Nur den Schmeichlern lieh er seine Ohren,
Jede gute Mahnung war vergebens;
Wen sein Zornblick traf, der war verloren,
Niemand war mehr sicher seines Lebens.
Kam zum Volk einmal Selim, der Sänger,
Der viel Böses hörte von dem Herrscher,
Und er sprach: „Was duldet ihr ihn länger?
Wenn er närrisch ist, seid ihr noch närr'scher!
Schmachvoll ist's in steter Furcht zu leben,
Wo ein Mensch die Kraft so vieler bindet!"
– Wie kann man dem Mächt'gen widerstreben? –
„Lacht ihn aus und seine Macht verschwindet!
Ändert euch, so wird er auch ein And'rer,
Wenn er muss, kommt er euch schon entgegen!"
Also sprach der vielerfahr'ne Wandrer,
Und sein Rat ward allem Volk zum Segen.
Denn als Tags darauf der Fürst erschienen,
Seinen Rundritt durch die Stadt zu machen
Mit gewohnten hochmutsstarren Mienen:
Hub das Volk an laut zu lachen.

Und er schleudert aus der Zorneswolke
Seiner Stirne droh'nde Blitze nieder:
Doch sein Zorn verfing nicht mehr beim Volke,
Laut aufs Neue lacht es immer wieder.
Und das Lachen steckte selbst die Reiter
Des Gewalt'gen an und seine Wachen,
Und dem Fürsten blieb auch bald nichts weiter
Übrig, als mit seinem Volk zu lachen.
Ganz verändert schien er seit dem Tage
(Lachen löst die Starheit im Gemüte);
Und im Volk scholl nie mehr eine Klage
Über ihn, man pries nur seine Güte.

Übersetzung: Friedrich von Bodenstedt

333 (127).

Der Beschwörer

War aus tiefem Bett ein Strom getreten
Und ergoß sich, trotzend jeder Hemmung,
Weit durchs Land in wilder Überschwemmung,
Unheil dräuend Menschen, Vieh und Städten.
Grimme Stürme, der Zerstörung Schergen,
Tobten mit der Flutgewalt im Bunde
Durch das Land hin – Alles ging zu Grunde
Was nicht Schutz gefunden auf den Bergen.
Rief der König: „Wer der Flutempörung
Schranken setzt in ihrem Unheilsgange,
Den will ich erhöhn zum höchsten Range,
Jedem seiner Wünsche werd' Erhörung."
War ein Greis, der sah aus sichern Zeichen,
(Er war reich an Wissen und Erfahrung)
Dass der Sturmflut schon gebrach die Nahrung,
Und er sprach: Noch heute wird sie weichen!
Hört ein Schelm das Wort und eilt von dannen,
Wirft sich nieder vor des Thrones Stufen,
Spricht: Nach Rettung hast Du, Herr, gerufen,
Heute noch will ich die Sündflut bannen!
Doch dazu bedarf es vielen Goldes,
Das ich opfern muss den bösen Mächten,
Die uns sonst noch mehr Verderben brächten,
Doch für Gold erweisen sie nur Holdes.
Und der König gab ihm Gold in Barren,
Die empörte Flut damit zu bannen,
Die inzwischen selbst schon zog von dannen:
Also hielt der Schelm den Herrn zum Narren.

Denn weil er geglaubt an die Beschwörung,
Setzt ihn der König ein zum Hüter
Seines Reichs und schenkt' ihm große Güter,
Jedem seiner Wünsche ward Erhörung.
Weise Männer schüttelten die Köpfe,
Sprachen: seltsam ist's und kaum zu fassen,
Wie sich Große gern betrügen lassen
Durch die Schelmerei der schalsten Tröpfe!
Sprach der Greis: Hört auf euch zu erbosen;
Wisst, dass stille Tugend nie belohnt wird:
Ihr genügt schon, wenn sie nur verschont wird
Von der Schelmerei im Dienst der Großen.

Übersetzung: Friedrich von Bodenstedt

334 (128).

Der Fürst von Turan

Der Fürst von Turan hatte drei Vesiere,
Die er zu Rate zog bei jedem Falle,
Und die ihm nach dem Munde sprachen Alle,
Damit nur keiner seinen Platz verliere.
So hielt er sie denn auch für klug und weise,
Fast wie sich selbst, da sie ganz ähnlich dachten,
Und fühlte sich sehr wohl in ihrem Kreise,
Weil sie ihm nie viel Kopfzerbrechen machten.
Doch da sie lauter hohle Köpfe waren,
(Nur darin schlau, dass sie zusammen hielten
Und stets auf ihren eignen Vorteil zielten)
Geriet das Land in Drangsal und Gefahren.
Da hieß der Fürst zu seines Thrones Stufen
Den Großwesir aus Iran's Reich berufen;
Der prüfte Alles, tat im Volk viel fragen
Und riet dann, die Vesiere fortzujagen:
Bist Du in Deiner höchsten Weisheit auch
(So sprach er nach turan'schem Redebrauch)
O Fürst, im Lande der Erkenntnis Perle,
Sind Deine Räte doch nur dumme Kerle:
Sie richten mit dem Hauch aus ihrem Munde
Das Wohl des Volks und Deinen Ruf zu Grunde.
Wohl sprach im Fürsten heimlich eine Stimme:
Der Mann hat Recht! – Doch laut im höchsten Grimme
Rief er: Wer hat die Kühnheit Dir gegeben,
Dich über meine Räte zu erheben?

Wie groß auch immer Deine Weisheit sei:
Du bist nur einer, sie sind ihrer Drei –
Magst Du den Kampf mit jedem einzeln wagen,
Vereinigt werden sie Dich glänzend schlagen!
Drauf jener: Wenn drei Dumme sich beraten,
Muss es notwendig dreifach dumm geraten.
Mag Dummheit sich millionenfach verbünden,
Wird sie doch nie ein kluges Wort verkünden.
Ich glaubte, dass Du mich hierher beschieden,
Wahrheit zu hören; – lass mich ziehn in Frieden,
Denn weil ich Wahrheit rede, blickst Du scheel –
Du willst nur hören: Hoheit zu Befehl!
Die Worte kann ein Papagei auch lernen,
Darum erlaube mir, mich zu entfernen.
Er sprach's und ging. Wie lang mit offnem Munde
Der Fürst ihm nachsah, davon schweigt die Kunde.

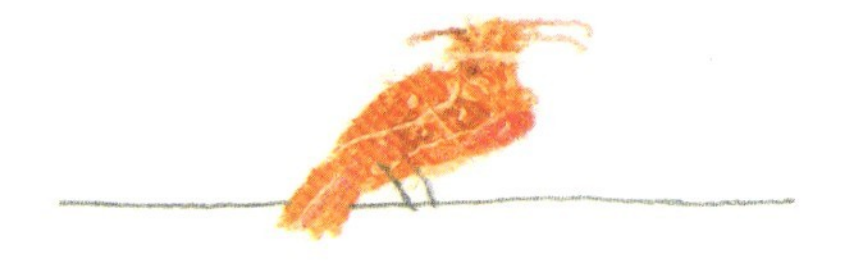

Übersetzung: Friedrich von Bodenstedt

335 (129).

Feth-Ali*

Feth-Ali war ein Wunderknabe,
Begabt mit mancher selt'nen Gabe,
So reif und fertig schon als Kind,
Wie Andere kaum im Alter sind.
Nie macht er einen dummen Streich,
Blieb altklug ernst sich immer gleich,
Und da so früh sein Geist sich löste,
Erhoffte man von ihm das Größte.
Doch alles Hoffen war vergebens:
Feth-Ali blieb Zeit seines Lebens,
Bis man als Greis ihn trug zu Grabe,
Ein hoffnungsvoller Wunderknabe.

*

Mirza-Schaffy sprach – auf die Frage,
Was er zu der Geschichte sage:
Man rühmt die jungen Wunderkinder,
Doch altern sie, rühmt man sie minder.
Im Herbst kann keine Früchte tragen,
Was nicht im Frühling ausgeschlagen.
Nie wird ein Wunderkind auf Erden
Zu einem richtigen Manne werden.

Übersetzung: Friedrich von Bodenstedt

* Manche Forscher vermuten, dass in diesem Gedicht M. F. Achundow gemeint ist, aber die Herausgeber schließen dies aus.

336 (130).

Jussuf und Suleicha

Wie Josef hütete als Kind die Schafe
Jakobs, des schöner Lieblingssohn er war;
Wie er dann nach Ägypten kam als Sklave
Und dort gefiel der Frau des Potiphar,
Und weil er keusch ihr widerstand, zur Strafe
Im Kerker musste schmachten manches Jahr –
Sein später glücklich Los – ein jeder kennt es
Aus dem Bericht des alten Testaments.
Doch anders lautet die Geschichte so:
Jussuf (dies ist ein morgenländ'scher Name),
Bevor er kam zum Hof des Pharao,
War Sklave Potiphars; die schöne Dame,
Die jäh für ihn entbrannte lichterloh,
Weil diesem Sklaven eine wundersame
Schönheit zueigen war an Seel' und Leib:
War Tochter Potiphar's, nicht dessen Weib.
Lang bargen still in ihres Herzens Tiefen
Die Gluten sich, wie Blumen unterm Schnee;
Dann klagte sie in schwärmerischen Briefen
Dem schönen Jussuf ihr geheimes Weh;
Doch er verstand nicht ihre Hieroglyphen,
Und sie nicht sein hebräisch ABC;
So hielt sie's denn zuletzt für kein Verbrechen
Ihr Herz ihm pantomimisch auszusprechen.
Die Tochter Potiphar's – Suleicha hieß sie –
War reich an Künsten zärtlicher Erfindung;

Wenn er ihr etwas überreichte, ließ sie
Sanft ihre Hand mit seiner in Verbindung –
Mit glühend auf ihm ruh'nden Blick verhieß sie
Ihm ungeahnte Wonnen der Empfindung –
Doch er blieb kalt, derweil sie heimlich grollte,
Dass Jussuf gar nicht merkte, was sie wollte.
Doch war und blieb er ihres Aug's Idol
Und grollte sie – so grollte sie nicht lange.
Einst sprach sie zu ihm: „Freund Dir ist nicht wohl,
Ich merk's an Deinem Blick und Deinem Gange:
Dein Schritt ist schwank, Dein Auge blickt so hohl".
Und prüfend legt sie ihm auf Stirn und Wange
Die feine Hand, aus der ein Feuer sprühte,
Das wundersam ihm Herz und Hirn durchglühte.
„Du fieberst," sprach sie zärtlich und er nickt,
Derweil sie, hilfreich sich um ihn bemühend,
Mit ihrem ganzen Zauber ihn umstrickt,
So dass die Wirkung ihrer Reize glühend
Aus seinen unerfahr'nen Augen blickt.
Sie war von schönem Wuchs, jung, schön und blühend;
Was Wunder, dass der Zauber, den sie übte,
Zuletzt des armen Jussuf's Sinne trübte!
Doch wie sie jetzt ihm näher stets und näher
Mit anmutvoller Kühnheit sucht zu kommen,
Ergreift's den jungen schüchternen Hebräer
Mit wundersamer Furcht – er blickt beklommen
Zur Seite, als bemerkte er die Späher,
Die in Gestalt von zwei gefährlich frommen
Ägypt'schen Damen hinterm Vorhang stehn
Und Jussuf in Suleichas Händen sehn.
Des Vaters Geist war plötzlich ihm erschienen,
Ernst mahnend stand er vor dem Jüngling da,
Und blickt ihn an mit vorwurfsvollen Mienen,
Und raunt ins Ohr ihm: „Weh mir, dass ich sah,

Wie Du, mein Kind, statt Gott, dem Herrn zu dienen,
Der schnöden Lust fröhnst! Die Gefahr ist nah,
Doch noch winkt Rettung: Flieh und kehr den Sinn
Vom Zauber der ägypt'schen Buhlerin!"
Und Jussuf reißt sich los mit jähem Sprunge;
Sie eilt ihm nach, doch er war rasch entflohn.
Nun überfloß von Zorn, Suleikha's Zunge,
Sie sprach manch scharfes Wort in scharfem Ton:
„Woher so schüchtern, blöder Judenjunge,
Dass Du mich fliehst, ohn' Ansehn der Person!
Wohnt sonst doch Frechheit nur bei Deinem Volke!"
Also entlud sich ihres Zornes Wolke.
Das Alles sahn und hörten jene Damen,
Die spähend hinter'm Vorhang sich verborgen,
Und Alles vielverschlimmernd auszugraben
Vor Andern, waren ihre nächsten Sorgen,
So dass die Frau'n von Memphis es vernahmen
– Der höhern Welt – schon bis zum nächsten Morgen;
Ein schlimmer Chorus böser Zungen war's
In Memphis für die Tochter Potiphar's.
Bald kam die Kunde zu Suleicha's Ohren,
Dass sie, so nah dem Thron der Pharaone,
Als ein ägyptisch Fürstenkind geboren,
Dem hohen Rang und edlen Blut zum Hohne,
An einen niedern Sklaven sich verloren,
Und nicht einmal von diesem Judensohne
– Wie schamlos auch sie sich vor ihm erniedert – Erlangt,
dass ihre Neigung er erwiedert.
Gleich galt es auch bei Memphis' hohen Damen
Für ausgemacht: man könne nicht in Ehren
– Wie hoch Suleicha steh' in Rang und Namen –
Mit der so tief Gesunk'nen mehr verkehren;
In sittlicher Entrüstung Alle kamen
– Um ihren guten Ruf nicht zu versehren –

Sie überein, die jungen wie die alten:
Sich von Suleicha's Umgang fernzuhalten.
Die kränkt das tief – allein sie kann nicht lassen
Von dem Geliebten – ihres Herzens Glut
Ist unauslöschbar; doch ihr ganzes Hassen
Kehrt nun sich gegen die Verleumdungswut
Der Frau'n von Memphis aus den höhern Klassen.
Nach wohlbedachtem Plan Suleicha lud
Die Schwätzerinnen alle zu sich ein,
Doch so, dass Jede glaubt allein zu sein.
Wonach denn Jede bald ein Herz sich fasste,
Geheim das Selbstverbot zu übertreten:
Sie strömten All zu Potiphar's Palaste,
Weil Jede glaubt, sie sei allein gebeten;
Doch als nun allesamt sich sah'n zu Gaste
Im Saale, waren Alle sehr betreten,
Und fächerten sich an, verlegen lachend,
Zum bösen Spiele gute Miene machend.
Sie waren munt're Gäste und vergaßen
Beim guten Mahl ganz ihren bösen Sinn;
Sie schmeichelten Suleicha ohne Maßen,
Ihr huldigend wie einer Königin;
Und wie sie jetzt zum Nachtisch Äpfel aßen,
Trat plötzlich Jussuf an die Tafel hin,
Aussehend (nach der jünern Damen Meinung)
Wie eine überirdische Erscheinung.
Es waren drunter hübsche junge Dinger,
Die ganz verzückte Blicke auf ihn zielten;
Sie schnitten sich verwirrt selbst in die Finger,
Statt in die Äpfel, die sie vor sich hielten;
Den Müttern schien sein Liebreiz nicht geringer
Als ihren Töchtern wie sie nach ihm schielten –
Selbst Alte, mit Gesichtern gelb wie Quitten,
Vergaßen ihre mumienhaften Sitten –

Und Jede hauchte ein bewundernd „Ah!"
Bei Jussuf's leisem Eintritt in den Saal.
Der Jüngling wusste nicht wie ihm geschah,
Als er, beschieden einen Goldpokal
Herumzureichen, soviel Damen sah
Mit Augen ganz verwirrt von Liebesqual,
Die sich – wie um die Sonne die Planeten –
Um sein vor Staunen glüh'ndes Antlitz drehten.
Suleicha sah mit neckischem Übermut
Wie zwei der Damen gar vom Stuhl gesunken
Bei Jussuf's Nahn. Sie sprach: „Dein Wein hat Glut,
Die Damen taumeln, eh' sie noch getrunken
Doch freut mich's dass sich Jede gütlich tut,
Ich seh', Dein Goldpokal sprüht sonnige Funken.
Doch sind wir unter uns, und hier weiß Jede,
Dass Keine Übles von der Andern rede."
Jussuf verschwand mit seinem Goldpokale,
Er ging wie er gekommen: leis und schüchtern.
Die Damen drauf erhoben sich vom Mahle
Und plötzlich schienen alle wieder nüchtern;
Sie knicksten sich zum Abschied aus dem Saale
Hinaus mit freundlich grinsenden Gesichtern,
Und – wunderbar! – so schweigsam wie sie kamen,
So schweigsam auch entfernten sich die Damen.

Doch Potiphar, als er die Mähr erfahren
Von Jussuf's Zauber, warf ihn ins Gefängnis,
Wo Gottes Hand – nach schweren Prüfungsjahren –
Ihn wunderbar erlöst aus der Bedrängnis,
Da er ihm gab, den Sinn zu offenbaren
Der Träume Pharao's, und sein Verhängnis
Durch Pharao so glücklich wendete,
Dass es in Liebe zu Suleicha endete.

Sie war ihm treu geblieben ohne Wanken
Trotz allen Spottes spöttischer Bemerker;
Sie übersprang für ihn der Herkunft Schranken
Und ihre Liebe folgt' ihm in den Kerker;
Jussuf erwog das treulich in Gedanken
Und liebte sie nun glühender und stärker
Als sie je ahnte, dass er lieben könnte,
Wenn das Geschick ihn zum Gemahl ihr gönnte.
Er ward vom König nun so hoch erhoben,
Dass Potiphar ihn gern zum Eidam wählte;
So schön ward nie ein Liebesband gewoben
Als da Suleicha Jussuf sich vermählte.
Kein Mund ward müde, dieses Paar zu loben,
Wenn man von treuer Liebe je erzählte:
Sein Bund ward Inhalt ewigen Gesanges
Vom heiligen Nilstrom bis zum heiligen Ganges.

Übersetzung: Friedrich von Bodenstedt

Lieder des Trostes

337 (131).

An die Sterne

Blick' ich zu euch, ihr Sterne, auf,
Wie fühl' ich mich erhoben!
Von Ewigkeit geht euer Lauf
Zu Ewigkeit dort oben,
Und ich, im großen All ein Nichts,
Ein schnell verlöschend Leben,
Ich darf doch seligen Angesichts
Zu euch den Blick erheben,
Beglückt, dass, der euch wandeln hieß
Auf euren ewigen Bahnen,
Auch mir zum Licht die Pfade wies,
Mir Denken gab und Ahnen.
Ob ihr auch unerreichbar kreist
Und kennt nicht Zeit noch Schranken:
Lass' ich euch ziehn durch meinen Geist
Als leuchtende Gedanken.

Ja, selbst im tiefen Schlaf, im Traum,
Die Augen fest geschlossen,
Kann ich euch bannen in den Raum
Des Hirns, als Traumgenossen.
In mir ist Licht von eurem Licht
Und Glanz von eurem Glanze,
Und meine Hand flicht im Gedicht
Wie Blumen euch zum Kranze.

Übersetzung: Friedrich von Bodenstedt

338 (132).

Sommernacht

Nun liegt die Welt im Traume,
Berauscht von Glanz und Duft –
Kein Blatt regt sich am Baume,
Kein Vöglein in der Luft.
Die milden Sterne neigen
Zur Ruh schon ihren Lauf,
Doch mir im Herzen steigen
Noch schön're Sterne auf.
Was mir der Tag beschieden,
Ward sorglos nie vollbracht,
Doch selig ist der Frieden
Der stillen heiligen Nacht!

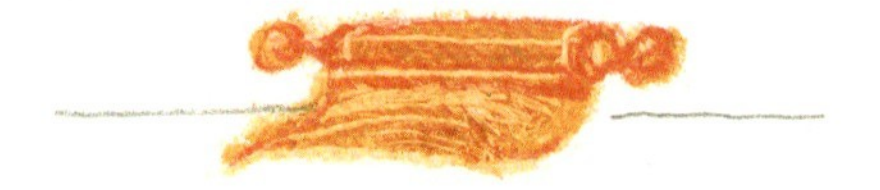

Übersetzung: Friedrich von Bodenstedt

339 (133).

Mahnung

Wie oft schuf Dir in nächt'ger Stunde
Erinn'rung alter Zeiten Gram,
Wie mancher Hauch entfuhr dem Munde,
Der Dir als Sturmwind wiederkam!

Doch kehr' nicht stets die Blicke rückwärts
Nach Mahnern längst verjährter Schuld,
Folgt Dir das Unglück, steure glückwärts,
Verlier' nicht Hoffnung und Geduld.

Tritt die Vergangenheit mit Füßen
Wenn sie nicht kommt, Dich zu erfreu'n –
Für schwaches Tun soll man nur büßen
Um sich für stärk'res zu erneu'rn.

Wem immerdar die schwere Kette
Der alten Schuld am Fuße klirrt,
Der findet nirgends eine Stätte
Die ihm zum Hort des Segens wird.

Übersetzung: Friedrich von Bodenstedt

340 (134).

Trost

Lust weckt Lust und Schmerz weckt Schmerzen,
Nacht zeugt Dunkel, Licht zeugt Helle.
Nimm Dir nichts zu sehr zu Herzen,
Denn es wechselt wie die Welle.

Oft kommt jählings eine Mahnung
An vergang'ne Fluchgeschicke –
Oft wirft eine düstre Ahnung
In die Zukunft Seherblicke.

Doch kein Jammer kann uns frommen
Und uns trösten kein Verzagen –
Was da kommen soll, wird kommen,
Ob wir's leicht, ob schwer ertragen.

Selbst das Glück macht uns oft bange,
Sahn wir in vergang'nen Zeiten
Hinter seinem Segensgange
Dräuend gleich das Unglück schreiten.

Kein Geschöpf bleibt frei von Schmerzen,
Doch dem Dunkel folgt die Helle;
Nimm Dir nichts zu sehr zu Herzen,
Denn es wechselt wie die Welle.

Übersetzung: Friedrich von Bodenstedt

341 (135).

Auf des Stroms bewegter Flut

Auf des Stroms bewegter Flut
Blitzt des Monds demantne Glut.
Well' an Welle rauscht vorüber,
Heller jetzt, dann wieder trüber,
Aber Zauber in das Ganze
Webt der Mond mit seinem Glanze.
Plötzlich einer Wolke Dunkel
Scheucht das liebliche Gefunkel,
Und in jäher Stürme Toben
Ist das schöne Bild zerstoben.
Aber leuchtend bleibt das Glück
Der Erinn'rung mir zurück.

Übersetzung: Friedrich von Bodenstedt

342 (136).

An ein Kind

Noch wiegt Dich sanft der Mutter Arm,
Und ihres Auges treue Hut.
Schützt Dich vor allem Leid und Harm,
Du weißt noch nicht, was bös und gut.
Es kommt die Zeit wo Du's verstehst,
Und mit der Zeit die Prüfung kommt
Wo Du auf eignen Bahnen gehst
Und selbst musst wählen was Dir frommt.

Man füllt die Wahrheit nicht wie Wein
Aus einem in den andern Krug:
Sie will durch Kampf gewonnen sein,
Und wie den Acker erst der Pflug
Durchlockert, dass die junge Saat
Aufkeimen mag in seinem Schoß,
So ringt sich nur durch gleiche Tat
In uns der Keim der Wahrheit los.

Doch was auf Erden soll gedeihn,
Im Acker wie in Geist und Herz,
Braucht Segenstau und Sonnenschein,
Und strebt zum Licht auf, himmelswärts.
Gott walte, dass sich einst erfüllt,
Mein holdes Kind, in seinem Geist,
Was Dir mein Wunsch im Lied enthüllt:
Dass Du ein Kind des Segens seist!

Übersetzung: Friedrich von Bodenstedt

343 (137).

Das Edelweiß

Hoch über dunklen Klüften, tiefgeborsten,
Noch höher als die Königsadler horsten,
An steiler Felswand wächst das Edelweiß –
Kein Jäger wagt, den Hut damit zu schmücken,
Als der sich kühn gewagt, es selbst zu pflücken
Als männlicher Gefahr und Mühe Preis.
Im Innern fest, nach außen fein und zart,
Ist es ein Vorbild rechter Frauenart:
Nicht prunkvoll ist sein Bild und farbenreich,
Doch schlicht und rein bleibt es sich immer gleich,
Ungleich den Blumen, die in Flur und Hag
Ein Nachtfrost oder Sturm verderben mag,
Und selbst gepflückt von seinen stolzen Höh'n,
Bleibt es, wenn wohlbehütet, rein und schön.

Übersetzung: Friedrich von Bodenstedt

344 (138).

Herbstlied

Welkt der Herbst das Laub am Baum:
Neues treibt dahinter,
Und den schönsten Frühlingstraum
Träumt das Herz im Winter.

Ob der Keim den Kern gesprengt,
Dem der Baum entsprossen;
Hält die Frucht, die oben hängt,
Manchen Kern umschlossen.

Springt der Quell in Brauselust
Hoch vom Berg hernieder:
Nährend beut der Wolken Brust,
Was er gab, ihm wieder.

Muss auch alles, was besteht,
Zur Vernichtung wandern:
Was in einer Brust vergeht,
Aufersteht in andern.

Hat Dein Aug' oft trüb' gewacht,
Tränenheiß befeuchtet:
Hat Dir doch in dunkler Nacht
Mancher Stern geleuchtet.

Alles wechselt und verweht,
Festes muss zerrinnen,

Doch was außen untergeht,
Aufersteht von innen.

Lebe würdig jedem Glück,
Aber lern' entsagen,
Denk an altes nicht zurück,
Neues zu erjagen.

Weiß doch Keiner, was ihm frommt
Hier auf dunklem Pfade –
Keiner zwingt das Glück, es kommt
Unverhofft als Gnade.

Übersetzung: Friedrich von Bodenstedt

345 (139).

Da wir doch nicht mittun dürfen

Da wir doch nicht mittun dürfen,
In den großen Staatsaktionen,
Bei den hohen Schicksalswürfen,
Wo's um Reiche geht und Kronen.

In bescheid'neren Bezirken,
Mit bescheid'nerer Begabung
Lasst uns schaffen, lasst uns wirken
Unserm Volk zu Trost und Labung.

Ob der Sturm im Walde wütet,
Ob der Blitz den Baum zertrümmert,
Blüh'n die Blumen wohlbehütet
Unten weiter unbekümmert.

Ob es kracht aus Feuerschlünden,
Dass von Blut die Lande rieseln,
Springen frisch in Waldesgründen
Quellen zwischen Moos und Kieseln.

Lasst uns schaffen, was den Quellen
Und den Blumen sich vergleiche,
Uns zu gutem Werk gesellen
In der Künste Friedensreiche.

Soll die Kunst zum Heil uns führen,
Zur Erhebung und Befreiung,
Darf sie nicht die Zwietracht schüren
In den Schranken der Parteiung.

Übersetzung: Friedrich von Bodenstedt

346 (140).

Hoch und niedrig

Der Bergstrom schüttelt sich vor Kälte
Und diamantne Funken sprüht,
Derweil vom hohen Himmelszelte
Die Sonne Sumpf und Moor durchglüht.
Doch rauscht der Strom wie im Triumphe
Zu Tal; es trinkt aus seiner Flut
Der Aar, derweil bei Moor und Sumpfe
Der Frösche Heer sich gütlich tut.

Übersetzung: Friedrich von Bodenstedt

347 (141).

Rechtfertigung

Man sagt mir oft: Freund, Du bist unvorsichtig,
Sprichst, wie Du denkst – Dein Denken ist wohl richtig,
Doch mancher fühlt sich durch Dein Wort getroffen;
Denk' was Du willst, nur rede nicht so offen.

Gern leih' ich gutem Rat ein folgsam Ohr,
Doch, wie ich denke, red' ich nach, wie vor –
Ein Schelm mag anders denken, als er spricht:
Wahrheit zu finden, ist des Dichter's Pflicht.

Ich singe nicht, wenn's mahnend im Gemüte
Nicht drängt und treibt, gleich wie den Baum zur Blüte,
Wenn mich die Glut nicht wärmt, die aus dem Kerne
Der Erde flammt, wie aus dem Glanz der Sterne.

Die ewige Glut, die Alles leben macht,
Doch auch der Erde Besten beben macht,
Wenn sie die Hülle sprengt, zum Urquell glüht,
Das Meer aufwühlt und aus Vulkanen sprüht.

Mich freut ihr Segen, schreckt nicht ihr Verderben,
Ich weiß, was durch sie lebt und blüht, muss sterben,
Doch scheinbar nur, des Lebens ew'ge Fülle
Verändert nie sich selbst nur seine Hülle.

Denn was vom Staub kommt, muss zum Staube kehren,
Doch was vom Geist kommt, flammt zurück zum hehren

Urquell des Geist's, wenn es befreit vom Staube,
Vergänglichem wird Ew'ges nicht zum Raube.

Jedwedem ward auf Erden seine Sendung,
Die Form zerbricht erst nach des Werks Vollendung;
Wenn ich gesagt, was Gott mir gab, zu sagen,
Mag, wer da will, dies Staubgefäß zerschlagen!

Übersetzung: Friedrich von Bodenstedt

348 (142).

Scheuch' des Kummers finstre Wolke

Scheuch' des Kummers finstre Wolke,
Wenn das Schicksal Dich befehdet –
Manches Wort das Du geredet,
Lebt doch fort in Deinem Volke:

Lebt um Andern Trost zu spenden,
Wie denn magst Du selbst verzagen?
Darf sich Der als arm beklagen,
Der da gibt mit vollen Händen?

Seliger ist als nehmen, geben;
Besser ist als klagen, trösten;
Schmerzen, die im Lied sich lösten,
Geben Kraft zu neuem Leben.

Und Du darfst aus leerem Bronne
Gluten der Begeist'rung saugen:
Aus den dunklen Feueraugen
Deiner Muse, Deiner Sonne.

Übersetzung: Friedrich von Bodenstedt

349 (143).

Ein König, wert und teuer

Ein König, wert und teuer,
Durchzog sein Reich in Gnaden,
Da brannten Freudenfeuer
Auf allen seinen Pfaden.
Doch als er fortgezogen:
Im Wettersturm geschwinde
War Glut und Rauch verflogen,
Verweht in alle Winde.

Um Deinen Ruhm zu künden,
Du Königin meiner Liebe!
Will ich ein Feuer zünden,
Das nicht in Luft zerstiebe,
Das keine Wetterwolke,
Kein Sturmwind kann verschlingen,
So lange man im Volke
Wird meine Lieder singen.

Übersetzung: Friedrich von Bodenstedt

Welträtsel

350 (144).

Himmel und Erde

Natur, die Du zum Segen wirst und Fluche
Den Menschen, je nachdem sie Dich erfassen!
Viel dunkle Stellen stehn in Deinem Buche,
Die nicht von ihrer nächt'gen Farbe lassen;
Das Dunkel wächst, je mehr ich Klarheit suche,
Doch lachen zwischen trüben Wolkenmassen
Glanzwelten her, als wollten sie mich fragen:
Willst Du noch Licht zum Licht des Himmels tragen?
Der Hauch des Winters zaubert hell das Urbild
Der Blumen an durchsicht'ge Fensterscheiben;
Des Frühlings Hauch macht sie zum bunten Flurbild,
Der Hauch des Sommers lässt die Samen treiben;
Der Herbst zerstört das liebliche Naturbild,
Doch reift die Frucht, und Kern und Samen bleiben,
Der Wurzeln Kraft muss Kelch und Krone füllen,
Uns neue Blütenwunder zu enthüllen.
Der diesen Blumen Duft und Glanz gegeben,
Sie blühn und welken läßt und wieder blühn,
Er blies auch Dir den Odem ein zum Leben,
Ließ Himmelsglut aus Deinen Augen glühn,
Gab Freiheit Dir, nach eigner Wahl zu streben,
Die Kraft zu nützen – oder zu versprühn,
Wenn Du, wo wirr sich tausend Pfade winden,
Suchst außer Dir, was in Dir nur zu finden.
Ob diese Welt ein Schöpfergeist erschaffen,
Ob wirklich, was wir sehn, ist, ob nur scheinbar;

Ob wir von Gott herstammen, oder Affen –
Was übrigens durchaus nicht unvereinbar –
Drob streiten die Gelehrten, Lai'n und Pfaffen,
Der findet dies und Jener das verneinbar,
Vor Kampflust schwillt den Streitern jede Ader,
Und Keiner predigt Liebe, Alle Hader.
So auch verdunkeln Wolken oft die Sonne,
Bis sie in Blitz und Wettern sich entladen:
Sie wissen nicht in stürm'scher Kampfeswonne,
Dass selbst sie Kinder sind von Sonnen Gnaden;
Die sie erhob aus tiefem Meeresbronne
Und dann sie fortziehn ließ auf dunklen Pfaden,
Aus Blitz und Wettern Segen zu gebären,
Die Luft zu klären und das Feld zu nähren.
Wer nicht die Allvernunft im Weltall spürt,
Kann selbst sich als vernünftig nicht erkennen;
Wen nie ein Hauch des Schöpfergeists berührt,
Der mag mit Recht sich einen Zweifler nennen;
Doch wer der Zwietracht Flammen frevelnd schürt –
Ob Pfaff, ob Zweifler – mag darin verbrennen.
Wir irren Alle, aber Aller Irren
Verwirrung kann die Liebe nur entwirren.

Übersetzung: Friedrich von Bodenstedt

351 (145).

Wissen und Weisheit

Willst Du wissen, Freund, warum
Bücherweisheit oft macht dumm?
Weil von Weisheit und von Wissen
Längst der schöne Bund zerrissen,
Und im Schlafrock hinterm Ofen
Wachsen keine Philosophen.
Wer die Welt will recht verstehn,
Muss ihr klar ins Auge sehn.
Wer der Weisheit Leib und Seele
Nicht vermählt, gleicht dem Kamele,
Das von einem Land zum andern
Schätze trägt auf ödem Wandern,
Doch sich selber nicht kann schmücken
Mit dem Gut auf hohem Rücken.

Übersetzung: Friedrich von Bodenstedt

352 (146).

Worte sind gar leicht zu finden

Worte sind gar leicht zu finden
Von Gelehrsamkeit durchweht,
Die sich scheinbar klug verbinden,
Und die doch kein Mensch versteht.
Stets vergebens klopfen Worte
An der Welterkenntnis Pforte,
Wenn zum Schloss kein Schlüssel geht.

Der Gedanke, der nicht leiblich
Kann im Bilde sich bewähren,
Ist nicht männlich und nicht weiblich,
Kann nicht zeugen noch gebären.

Übersetzung: Friedrich von Bodenstedt

353 (147).

An einen neuen Weltanschauer

Trefflich, Freund, kannst Du beweisen,
Dass im Weltall alles nichtig,
Selbst die Sterne zwecklos kreisen,
Nur der Tor hält sich für wichtig,

Dass die Mücke nicht geringer
Als der größte Mann im Lande,
Und der Floh, der munt're Springer,
Dir nicht nachsteht an Verstande.

Einst nur ist mir unverständlich
In dem Bild der Allgemeinheit:
Dass Du selbst Dich so unendlich
Wichtig fühlst in Deiner Kleinheit.

Gottnatur haucht ewiges Leben
Aus den Höh'n wie aus den Grüften;
Niemand kann den Schleier heben,
Den nur Wenige leise lüften.

Aber Du hast ihn gehoben,
Ganz mit kühner Hand zerrissen,
Dass nach unten wie nach oben
Wir nun Alles sehn und wissen.

Die Natur macht keine Sprünge,
Sie veredelt das Gemeine

Nach und nach: – im Lauf der Dinge
Werden Kohlen Edelsteine.

Aber Du zeigst so vom Affen
Den unmittelbaren Ursprung,
Als wärst Du allein erschaffen
Ausnahmsweise durch Natursprung.

Übersetzung: Friedrich von Bodenstedt

354 (148).

Herz und Geist

Wer nicht den tiefsten Sinn des Lebens
Im Herzen sucht, der forscht vergebens.

Kein Geist, und sei er noch so reich,
Kommt einem edlen Herzen gleich.

Willst Du der Kunst Geheimnis wissen?
Es liegt im Herzen und Gewissen.

Der Geist schöpft aus des Herzens Bronne
Glut, wie der Weinstock aus der Sonne.

Doch unfruchtbar bleibt seine Kraft,
Kommt nicht vom Herzen was er schafft,

Wohl löst er schwierige Probleme,
Baut philosophische Systeme,

Erhebt sich über Zeit und Schranke;
Doch auch der blendendste Gedanke

Spielt mit der Wahrheit nur Versteck:
Sitzt nicht das Herz am rechten Fleck.

Übersetzung: Friedrich von Bodenstedt

355 (149).

Aus Nacht in Nacht

Ein großer Gedanke voll Schöpferkraft
Wirkt sonnenhaft, –
Steigt in leuchtender Pracht
Aus dem Schoße der Nacht
Wie das Frührot auf,
In feurigem Lauf
Alles entzündend
Und der Welt einen neuen Tag verkündend,
Mit reifenden Saaten
Und mächtigen Taten,
Hoher Enthüllung
Und froher Erfüllung. –
Doch was aus Nacht geboren,
Geht wieder in Nacht verloren.
Selbst der strahlendste Tag muss untergehn,
Verglühend im eigenen Feuer, –
Folgt der Nacht auch des Lichtes Auferstehn,
Der Tag, der es bringt, ist ein neuer.

Übersetzung: Friedrich von Bodenstedt

356 (150).

Die Schulen der Weisen

Mirza-Schaffy auf seinen Reisen
Kam in die Schulen vieler Weisen
(Auch solcher die sich weise nennen
Ohne des Wortes Sinn zu kennen),
Und suchte prüfend zu ergründen
Warum die Welt so voll von Sünden,
Da ihm bewusst seit frühster Jugend,
Dass nichts so glücklich macht als Tugend,
Dazu viel leichter recht zu handeln
Ist, als auf krummem Pfad zu wandeln,
Soweit nicht Druck und bittre Not
Zur Sünde treibt ums liebe Brot.
Er kam zu einem Schriftgelehrten,
Den seine Jünger hoch verehrten
Ob seines makellosen Wandels
Und leichter Schlichtung schwieriegen Handels.
Der Schriftgelehrte sprach: „Die Pfaffen
Sind's, die am meisten Unheil schaffen –
Sie machen Groß und Klein zu Sklaven
Durch Droh'n mit ewigen Höllenstrafen;
Versprechen diesem Schwachkopf Schonung,
Und jenem ewige Belohnung,
Als hätten sie ein zweites Leben
In einem Jenseits zu vergeben
Das alle gläubigen Gemüter
Blind macht auf dieser Erde Güter.

Es kommt zu falschen Glaubenswegen
Der Mensch um allen ird'schen Segen,
Tut Gutes nicht des Guten Willen:
Nur um den Jenseitsdurst zu stillen,
Und sucht das Böse nur zu meiden
Um jenseits nicht dafür zu leiden.
Und solchen gläubigen Scheingeschöpfen
Entsteht ein Wirrwarr in den Köpfen,
Dass sie mit ihren frommen Lügen
Die Andern und sich selbst betrügen.
Das ist der Ursprung vieler Sünde;
Glaub' meinem Wort, wie ich's verkünde."
Mirza-Schaffy vernahm das Wort,
Ging seines Weges schweigend fort,
Und kam zu einem frommen Mann,
Der seine Rede so begann:
„Der Grund des Übels heut auf Erden
Ist, dass die Gläubigen selten werden;
Das Band von Glauben und von Wissen,
Von Erd' und Himmel ist zerrissen.
Der Bücherwurm kriecht seine Pfade
Und fragt nicht ob sie krumm, ob grade.
Die Wissenschaft verhöhnt den Glauben,
Dem Armen selbst den Trost zu rauben,
Dass es nach schwerem Prüfungsleben
Ein lohnend Jenseits werde geben.
Sie treibt mit allem Heil'gen Spott
Und nimmt dem Volk selbst seinen Gott.
Wer nicht das Göttliche zu fassen
Vermag, verhöhnt's auf Markt und Gassen.
Wie soll die Tugend da gedeihn,
Wo jeder sorgt für sich allein,
Nichts höh'res als sich selber kennt
Und alles Andre Torheit nennt?

Wie selten ist in dieser Welt
Ein Mensch fest auf sich selbst gestellt!
Die meisten brauchen Halt und Stütze,
Dass Jeder fromm dem Andern nütze.
Wohin soll's nun auf Erden kommen
Wenn man zum Spotte macht die Frommen?
Das ist der Ursprung vieler Sünde,
Glaub' meinem Wort, wie ich's verkünde!"
Mirza-Schaffy vernahm das Wort,
Ging seines Weges schweigend fort,
Und kam zu einem vielgenannten,
Nicht frommen und nicht schriftbekannten,
Doch sehr beim Volk beliebten Mann,
Der seine Rede so begann:
„Es wird nicht besser in der Welt
Bis Alles auf den Kopf gestellt
Was jetzt besteht: reich muss auf Erden
Der Arme, arm der Reiche werden,
Der Große klein, der Kleine groß,
Denn Wechsel ist der Menschen Los.
Die Armen müssen auch einmal
Vergessen dieses Daseins Qual!
Will sich der Reiche nicht bequemen,
So wird Gewalt sein Gut ihm nehmen.
Und gibt es einen Kampf aufs Messer,
Wohlan! je toller desto besser.
Die stärk're Macht wird sich bewähren,
Der Sturm die trüben Lüfte klären,
Und geht's unlösbar durcheinander,
So kommt ein neuer Alexander
Den wirren Knoten zu durchhauen.
Auf meine Worte kannst du bauen:
Ererbter Reichtum allerwärts
Verhärtet leicht das Menschenherz;

Das ist der Ursprung vieler Sünde,
Glaub meinem Wort, wie ich's verkünde!"
Mirza-Schaffy vernahm das Wort,
Ging seines Weges schweigend fort,
Und kam zu einem würdigen Greise
Der zu ihm sprach auf diese Weise:
Lang' sucht' auch ich der Menschheit Übeln
Und ihrer Heilung nachzugrübeln,
Doch kam ich bei der Übel Menge
Bald mit der Forschung ins Gedränge,
Und merkte klar: Durch bloße Lehren
Sind nie die Menschen zu bekehren:
Das gute Beispiel prägt allein
Der Lehre Sinn dem Herzen ein.
Vergebens klopfen Mahnungsworte
An des verstockten Herzens Pforte,
Wenn nicht der Sinn, den sie enthüllt,
Sich sichtbar durch die Tat erfüllt.
Die Menge, schwer zu überzeugen,
Kann Beispiel oder Macht nur beugen.
Drum soll, wer lehrt, die Worte sparen,
Und sich durch Handeln offenbaren.
Verhasst sind mir die Schwätzer alle
Mit ihrer Worte hohlem Schwalle;
Verhasst sind mir die Glaubenswütigen,
Wie die Verstandesübermütigen,
Die mit dem Flackerlicht im Hirne
Des Himmels ewige Glanzgestirne
Beleuchten wollen, und die Spitze
Des Weltgeists sehn im Menschenwitze.
Wer nicht durch ein erfreulich Leben
Weiß guten Lehren Reiz zu geben,
Dem wäre besser, dass er schwiege,
Denn nur durch Kampf gewinnt man Siege,

Und wo sich gutes Beispiel mehrt,
Wird selbst der Zweifler leicht bekehrt.
Die Tat erst gibt dem Worte Macht,
Wie Führer zeigen in der Schlacht,
Der Starke reißt den Schwachen mit,
Das ganze Heer hält gleichen Schritt,
Doch keine Mahnung hemmt den Haufen,
Des Führer flieht, ihm nachzulaufen."
Mirza-Schaffy sprach zu dem Greise:
„Ich bin am Ende meiner Reise.
Was ich aus Deinem Mund vernahm,
Dacht' ich mir selbst bevor ich kam,
Doch seh' ich, nun ich es vernommen,
Dass ich vergebens nicht gekommen;
Denn wo zwei Männer sich vereinen
Die's gut mit sich und Andern meinen,
Da weben sie ein stärk'res Band
Als alle Schwätzer im ganzen Land.
Wie selten finden, wohin wir sehn,
Sich Menschen, die uns ganz verstehn,
Wo Jeder neidlos sich erfreut
Am Guten, das der Andere beut,
Und wo, was sich so schnell gefunden,
Für alle Zeiten bleibt verbunden;
Denn wo die Maske fällt des Scheins,
Sind immer gute Menschen Eins,
Und nur an solcher Menschen Herd
Ist unser Leben lebenswert.

Übersetzung: Friedrich von Bodenstedt

357 (151).

Der Quell, der vom Berg springt

Der Quell, der vom Berg springt,
Fortbraust mit dem Gießbach,
Fortströmt mit dem Strome
Zum salzreichen Meer,
Kehrt wandelnd im Kreislauf
Zum Ursprung zurück.

Mit goldenen Armen
Entringt ihn die Sonne
Der mächtigen Meerflut,
Und ballt ihn zu Wolken,
Sich selber verdunkelnd
Bis dienende Winde
Ihn wieder getragen
Zum Gipfel des Bergs.
Was lebt in der Schöpfung,
Hat schaffende Sendung
Sich selbst zu erneu'n.
Die Krone der Blume
Treibt wieder den Samen,
Daraus sie erblüht.
Die labende Baumfrucht
Wird Hülle des Kernes
Der Leben dem Baum gab.
Was atmet, erneut sich
Vergehend verjüngt.

Das Grabmal des Einen
Wird Wiege des Andern.
So treibt alles Leben
Vom Blühen zum Welken,
Vom Welken zum Blühen,
Hienieden schon endlos.
Doch Leben zu zeugen
Das blüht ohne Welken,
Nicht wechselnd, nicht wandelnd –
Ein Feuer zu zünden,
Das sonnengleich leuchtet,
Unlösch-, unzerstörbar.
Die Herzen erwärmend,
Die Geister erhebend –
Vermag nur das Wort,
Geschöpft aus dem Urquell
Der ewigen Wahrheit.

Übersetzung: Friedrich von Bodenstedt

Mirsa Schaffi Waseh

Lebenslauf

Der berühmte aserbaidschanische Dichter, Denker, Aufklärer und Pädagoge Mirsa Schaffi Waseh wurde am 14. Juni 1794 in der Familie des bekannten Architekten und Maurers Sadig Kärbalaji, der im Hof des letzten Chans Gändshäs arbeitete, geboren. Der Untergang von Gändshä hat den reichen Kärbalaji zum Bettler gemacht. Nach einem Jahr dieser Ereignisse hat er sich erkrankt und starb. Das erfahren wir von den Briefen Wasehs zu seinen Freunden. Die Neugierigkeit des kleinen Mirsa Schaffi zum Lernen und zur Wissenschaft erweist sich von seiner Kindheit an. Sein Vater schickte ihn zur Schah-Abbas-Moschee, weil er ihn Mulla und religiösen Aufklärer sehen wollte. In der Moschee verbreiteten sich seine Interessensphären. Er studierte hier Persisch und Arabisch und auch die Geheimnisse des Kalligraphschrifttums. Aber Mirsa Schaffi wollte kein Mulla und religiöser Aufklärer sein, trotzdem ging er nicht gegen den Willen seines Vaters und setzte seine Moscheebildung fort. Aber nach dem Tode seines Vaters verabschiedete sich Mirsa Schaffi von der Moschee. Während der Studienjahre hat sich Mirsa Schaffi mit Hadshy Abdulla, der nach Tiflis und Baghdad zum Handeln reiste und einige Jahre in diesen Städten lebte und beim Derwisch mit dem Namen Sejid Sattar Weltwissenschaften gelernt hatte, der nach Gändshä zurückgekehrt war. Mit den Achunds und Mullas von der

Schah-Abbas-Moschee, mit religiösen Dienern befand er sich in vielen Fragen in der Opposition. Er stritt immer mit ihnen, Hadshy Abdulla, den die „Quellen“ als den Mann mit großer Moral und mit der Großzügigkeit bezeichnen, verteidigte Mirsa Schaffi immer. Man nannte ihn den geistlichen Vater und Lehrer von Mirsa Schaffi. In der Zeit, als Mirsa Schaffi sich von der Moschee verabschiedete, stellte er sich auf Vorschlag von Hadshy Abdulla, der als ein „wahrheitsgetreuer Mann“ galt und damals die Schriftsprache Persisch gut kannte und sich durch seine Schriftfähigkeit unterschied, im Kanzleiamt der Schwester von Dshawad-Chan als Sekretär an. Hier hat er nach einigen Vermutungen den Titel Mirsa, der später zu seinem Namen hinzugefügt wurde, gewonnen. Manche Forscher verbinden den Titel „Mirsa“ mit seiner Schrifttätigkeit in der Schah-Abbas-Moschee und mit seiner Lehrertätigkeit für orientalische Sprachen.

Schon in jenen Tagen begann Mirsa Schaffi unter dem Pseudenamen Waseh, dessen Bedeutung „klar und ausdrucksvoll“ ist, Gedichte zu schreiben und wurde im ganzen Gändshä als ein talentvoller Dichter bekannt.

In dieser Periode verliebt er sich in die Tochter Ibrahim – Chans Nachbikä, die er im Hause von Püstächanum getroffen hatte. Die misslungene Liebe hat im Schaffen von Mirsa Schaffi Waseh eine tiefe Spur hinterlassen. Die lyrischen Gedichte aus der Reihe „Jussuf und Zuleicha“ brachten ihm große Erfolge (nach einigen Vermutungen verglich Mirsa Schaffi sie mit Zuleicha aus der Legende „Jussuf und Zuleicha“).

Mit dem Beginn des Krieges zwischen Iran und Russland hat der ältere Sohn von Dshawad-Chan nach den dreimonatlichen Schlachten Gändshä zurückerobert. Aber nach dem verlorenen Kampf floh der Chan zusammen mit seiner Schwester Püstäbäyim in den Iran und Mirsa Schaffi blieb aus diesem Grunde arbeitslos. Deswegen war er gezwungen, als Privatlehrer zu arbeiten. Im Jahre 1881 verstarb Hadshy Abdulla und Mirsa Schaffi blieb hilflos und ohne Unterstützung.

In 30-40-er Jahren des XX. Jahrhunderts arbeitete Mirsa Schaffi als Sekretär bei den reichen Leuten, oder als Lehrer oder als Abschreiber und dadurch verdiente er sein Brot. Er wurde als Meister von Gasel, Mathnavi und Gasides bekannt. Im Jahre 1832 kommt einer von seinen Schülern, der bekannte Begründer der aserbaidschanischen Dramaturgie Mirsa Fatali Achundow, den er lehrte. Mirsa Schaffi spielte bei der Herausbildung der aufklärerischen und progressiven Weltansichten Achundows eine große Rolle.

In diesen Jahren funktioniert der „Weisheitsdiwan“, dessen Begründer Waseh war und im dessen Zentrum er stand. Der Diwan nimmt in der Geschichte der aserbaidschanischen Literatur eine wichtige Stelle ein, er war weit und breit bekannt.

Im Jahre 1840 siedelte Mirsa Schaffi Waseh nach Tiflis über und begann dort als Lehrer zu arbeiten. In diesen Jahren setzte der „Diwan der Weisheit" seine Tätigkeit fort. Diese Jahre arbeitet er in enger Zusammenarbeit mit Abbasgulu Agha Bakichanov, Mirsa Fatali Achundow und den weiteren Denkern von Aserbaidschan und Kaukasus.

Im Jahre 1844 kam der deutsche Schriftsteller und Orientalist Friedrich von Bodenstedt, der sich fürs kaukasische Leben großes Interesse zeigte, in Tiflis an. Hier macht er sich mit Mirsa Schaffi bekannt und lernt von ihm Aserbaidschanisch und Persisch. Nach wöchentlich drei Stunden dauerndem Unterricht las Mirsa Schaffi seinem Studenten die Gedichte vor, denn das war die beste Methode für den Sprachunterricht. Mirsa Schaffi, der sich in diesen Jahren in dem Garnisongymnasium als Lehrer fürs Aserbaidschanische angestellt hat. In diesen Jahren haben sie sich befreundet. Friedrich von Bodenstedt wohnte manchmal allein, manchmal mit Freunden aus Europa dem „Weisheitsdiwan" bei. Das war eine Dichtungs- und Weisheitsversammlung. Dort lernte er einerseits die Sprachen, andererseits hörte er Gedichte, die Mirsa Schaffi manchmal aus dem Stegreif vortrug, manchmal aber sie vom Papier las. Im Jahre 1847 kehrte er von Tiflis nach Deutschland zurück, wobei er „Das Päckchen der Weisheit" mitnahm (im Buch „Tausend und ein Tag im Orient" schreibt Bodenstedt, das Päckchen habe ihm Mirsa Schaffi geschenkt). Im Jahre 1850 erscheint in Berlin ein umfangreiches dreibändiges Buch unter dem Titel „Tausend und ein Tag im Orient". Einen Teil dieses Buches widmet F. von Bodenstedt seinem Lehrer Mirsa Schaffi mit zahlreichen Übersetzungen der Gedichte von Mirsa Schaffi. Der poetische Teil des Buches wurde vom Verleger und von Lesern hochgeschätzt. Im Jahre 1851 wurde das Buch „Die Lieder des Mirza-Schaffy" herausgegeben. Im Jahre 1874 verlegte F. von Bodenstedt sein nächstes Buch „Aus dem Nachlasse Mirza-Schaffy`s", in dem er zum Ausdruck bringt, dass die Gedichte ihm selbst gehören. Er wagt zu bestätigen, Mirsa Schaffi sei kein Dichter.

Im Jahre 1846 kehrte Waseh in die Heimatstadt Gändshä zurück. Er beschäftigte sich hier eine Weile mit der Lehrertätigkeit und setzte zur selben Zeit seine Arbeit im „Weisheitsdiwan" fort. Nach Archivangaben heiratete Mirsa Schaffi nach seiner Rückkehr nach Gändshä mit Sejid Nissä, der Tochter des weit und breit bekannten Menschen Sejid Jähja.

Im Jahre 1850 siedelte Mirsa Schaffi erneut nach Tiflis zurück und begann als Lehrer in Persisch und Aserbaidschanisch im Tifliser Gymnasium zu arbeiten. In den Jahren 1851/1852 stellte er zusammen mit Iwan Grigorjew, der beim berühmten aserbaidschanischen Gelehrten Mirsa Kasym-bey studiert hatte, ein Lehrmittel und auch die erste Sammlung

„Kitabi-Türki" („Das Buch des Türkischen") zusammen. Dieses Buch wurde nach der mündlichen Anweisung des Direktors der Schule Schamachy-Derbend Major Kowalinski vorbereitet.

Mirsa Schaffi hat die Bücher „Tausend und ein Tag im Orient" und „Die Lieder des Mirza-Schaffy" in seiner Lebenszeit nicht gesehen. Sein Buch „Kitabi-Türki" erschien 3-4 Jahre nach seinem Tod in Täbris nach dem „Steinprägungsverfahren".

Mirsa Schaffi starb in der Nacht vom 16. zum 17. November des Jahres 1852 (nach einigen Angaben am 28. November). Mirsa Schaffis Schaffen rief zu seiner Lebenszeit große Interessen hervor. Seine Gedichte wurden in mehrere Sprachen übersetzt. Schon im Jahre 1850 sind zwei Gedichte von ihm in der 4. Nummer der Zeitschrift „Syn Otetschestva" („Sohn des Vaterlands") in Sankt-Petersburg vom unbekannten Übersetzer ins Russische übersetzt und veröffentlicht. In den späteren Jahren wurden seine Werke in mehrere Sprachen übersetzt (Ins Russische, Englische, Französische, Spanische, Holländische, Jüdische, Ungarische, Polnische usw). Sie riefen lebhafte Polemik hervor, lenkten die Aufmerksamkeit vieler hervorragenden Literaturforscher. Der große russische Schriftsteller L. N. Tolstoj in einem von seinen Briefen stellte an A. Fet eine Frage mit der Anweisung auf Mirsa Schaffi Waseh: „Er (nach Vermutungen geht es um N. N. Eifert, der im Tolstojs Haus ihm Deutsch unterrichtete und der einer von den Übersetzern von Mirsa Schaffi war) hat mir vor kurzem das Buch von Mirsa Schaffi gebracht. Es gibt hier wunderbare Sachen. Kennen Sie diese Gedichte?"

Der Polemik, die bis heute dauert. Mirsa Schaffi oder Bodenstedt? haben sich im Laufe von 170 Jahren solche ausländischen Forscher A. Berje, G. Rosen, H. Brugs, R. Meier, H. Wamberi, K. Zündmeier, F. Roydmund, O. Sewendson, N. Hofer, L. Nebenshal, E. Alker, G. Busse, I. Jenikolopow, N. Tschernischewski, E. Weidenbaum, A. Dühmer, N. Marr, M. Semjowski, A. Krymski, J. Bertels, J. Mundhenk, O. Burger usw angeschlossen, manchmal mit nicht immer richtigen Gesichspunkten.

Die aserbaidschanischen Literaturforscher M. F. Achundow, F. Kötscherli, S. Mümtas, A.Sejidsade („Mirsa Schaffi Sadig oghlu Waseh"-1969), M. Räfili („Mirsa Schaffi in der Weltliteratur"-1958), H. Mamedsade, F. Gasymsade, A. Bajram („Literaturnachlass von Mirsa Schaffi Waseh" -1980), „Erinnerungen von Friedrich Bodenstedt an Mirsa Schaffi Waseh" -2008), F. Vejsälli („Mirsa Schaffi Waseh und Bodenstedt: Versionen und Tatsachen"-2010), W. Arsumanly, N. Alijewa („Mirsa Schaffi in west-östlichen Forschungen"-2013) haben bis heute dauernde wertvolle Artikel, Forschungen und Bücher geschrieben. Auch die aserbaidschanischen Dichter – Übersetzer R. Rsa, Ch. Rsa, B. Aseroghlu haben über Mirsa Schaffi

Waseh fragmentarische Schriften veröffentlicht. Systematische Übersetzungen seiner Werke gehören A. Aslanov. Das alles hat Mirsa Schaffi Waseh im Allgemeinen in unserer Literatur und Kultur bekanntgemacht und die Größe von Mirsa Schaffi festgestellt.

Heute gibt es in Baku, Gändshä und Tiflis Straßen, die den Namen von Mirsa Schaffi Waseh tragen. Es gibt auch die Mittelschulen, Museen und Parks, die seinen Namen tragen. Der Nachlass des Dichters wird in Mittel- und Hochschulen unterrichtet. Die Maler, Bildhauer, Schriftsteller, Komponisten und Sänger wenden sich seinem Schaffen zu. Das Volksinteresse ist zu ihm immer groß.

Im Jahre 2014 wurde nach dem Erlass des Präsidenten der Aserbaidschanischen Republik, Herrn Ilham Aliyew der 220. Geburtstag von Mirsa Schaffi Waseh feierlich begangen.

Mirsa Schaffi Waseh

Gesamtwerke

INHALT

Das erste Buch

Das zweite Buch

Das dritte Buch

Zuleicha

Mirza-Jussuf

Hafisa

Glaube und Leben

Vermischte Gedichte und Sprüche

Das vierte Buch

Lieder der Liebe

Lieder vom Schwarzen Meer

Verschiedene

XalqBank

Das Projekt "Xalq Əmanəti" („Volksgut") wird seit 2010 von der OAG "Xalq" Bank umgesetzt. Es zielt darauf ab, das kulturelle Erbe unseres Volkes zu bewahren und zukünftigen Generationen zugänglich zu machen, sowie unsere spirituellen Werte der Welt zu vermitteln. Publikationen, die auf Aserbaidschanisch, Englisch, Deutsch und Russisch erscheinen, werden an Hoch- und Mittelschulen, Kinderheime und Bibliotheken, verschiedene Stiftungen, staatliche Unternehmen unseres Landes, ausländische Botschaften und Konsulate in Aserbaidschan, im Ausland wirkende aserbaidschanische Botschaften und Vertretungen sowie an Kunstfreunde gespendet.

Folgende Bücher wurden bislang im Rahmen des Projekts "Xalq Əmanəti" herausgegeben:

1. Böjükagha Mirsasade. Malerei und Grafik. 2010.
2. Mämmäd Araz. Ausgewählte Werke. 2010.
3. Maral Rähmansade. Malerei und Grafik. 2011.
4. Hüsejn Arif. Ausgewählte Werke. 2011.
5. Chalida Säfärova und Mahmud Taghijev. Malerei und Grafik. 2011.
6. Sattar Bählulsade. Malerei und Grafik. 2012.
7. Ali Rädshäbli. Aserbaidschanische Münzen. 2012.
8. Mikajil Müschfig. Ausgewählte Werke. 2013.
9. Gändshäs Künstler. Malerei, Skulptur und Grafik. 2013.
10. Mikajil Abdullajev. Malerei und Grafik. 2013.
11. Chälil Rsa Ulutürk. Ausgewählte Werke. 2014.
12. Vedshihe Sämädova. Malerei und Grafik. 2015.
13. Nadir Abdurrahmanov. Malerei und Grafik. 2016.
14. Samir Katschajev. Skulptur 2016.
15. Kamal Ahmed. Malerei und Grafik. 2017.
16. Anthologie der Aschugenliteratur. 3 Bände. 2017.
17. Äläkbär Rsagulijev. Malerei und Grafik. 2018.
18. Mirsa Schaffi Waseh. Gesamtwerke. 2019.

Idee:	Xalq Bank
Projektleiter:	Rafig Haschymov
Redakteur des Projekts, Herausgeber und Autor des Vorworts:	Selim Babullaoghlu
Übersetzer:	
Aserbaidschanisch:	Chälil Rsa, Balasch Aseroghlu, Aslan Aslanov, Asad Jaschar, Pünhan Äsimli, Yusif Savalan
Deutsch:	Friedrich von Bodenstedt, Karl H. Kiel
Russisch:	Naum Grebnew, Michail Sinelnikow, Leonid Maltsew, Nidshat Mämmädov F. Kalugin, V. Lugovskoj, V. Markow, S. Nadson, I. Prodan, A. Talybova, I. und A. Tchorshevskys, P. Tschaikovski, N. Eifert und P. Jakubowitsch *Zur Vorbereitung der literarischen Übersetzungen in die russische Sprache wurden die Übersetzungen von* Aslan Aslanov, Fachraddin Vejsälli *und* Yusif Savalan *aus der deutschen Sprache, von* Balasch Azeroghlu *und* Firus Sadigsade *aus der persischen Sprache verwendet*
Experten:	*Prof.* Akif Bajram *Prof.* Fachraddin Vejsälli
Berater:	Vilajet Hadshijev Ilgar Fähmi Orhan Aras
Redakteure-Korrektoren:	Schähla Tahirgyzy *(Aserbaidschanisch)* Alina Talybova *(Russisch)* Yusif Savalan *(Deutsch)*
Illustrationen:	Nüsret Sülejmanoghlu
Künstlerische Gestaltung und Design:	Tarlan Gortschu
Computerlayout:	Hikmet Ajdynoghlu

Mirsa Schaffi Waseh. Gesamtwerke

Erste Auflage (in vier Büchern), Baku 2019, 464 S.

ISBN 978-9952-8332-4-9

Diese anlässlich des 225. Geburtstags des großen aserbaidschanischen Dichters, Denkers, Pädagogen und Aufklärers Mirsa Schaffi Waseh erschienene Ausgabe in vier Büchern enthält alle seine Gedichte, Gasele, Rubaijat, Muchammas und Mathnevis. Das als eine große Errungenschaft in der aserbaidschanischen Literatur und Literaturgeschichte anzusehende Buch erscheint in der Reihe "Xalq Əmanəti" („Volksgut"). Außerdem ist das Erscheinen dieser dreibändigen vollständiegen Ausgabe in aserbaidschanischer, deutscher und russischer Sprache von außerordentlicher Bedeutung.

Herausgegeben im Rahmen des Projekts "Xalq Əmanəti" („Volksgut") von der Xalq Bank für Geschenkszwecke

Wir danken der Leitung der M. F. Achundov-Nationalbibliothek